JN050150

漂流する● 右傾化のからくり
日本政治の深層

Ito Toshiyuki
伊藤俊行

中央公論新社

目次

装幀　日下充典

右傾化のからくり

漂流する日本政治の深層

プロローグ　岸田の安倍派排除

前日に閣僚を4人も更迭し、自由民主党の幹部3人が辞表を提出した直後だったのに、党総裁で首相の岸田文雄の表情は晴れ晴れとして、時折、笑顔さえ見られた。

2023年12月15日朝、顔ぶれも新たに始まろうとしていた定例閣議前の首相官邸閣僚応接室での光景だった。

テレビカメラを意識することもなく談笑する岸田の姿に、「自民党の危機に緊張感が足りないのでは」とかみつくメディアもあったが、閣議に出席していた閣僚の1人は「岸田はすっかり肩の力が抜けて、前向きだった。安倍派の呪縛から解放されたからだろう。あの場にいた全員が、同じことを感じていたと思う」と振り返る。

〈本質では「リベラル派」の岸田は、党内基盤の弱さゆえに自民党の「保守右派」が集結していた最大派閥・清和政策研究会（安倍派）への配慮で「右寄り」の政策を進めざるを得なかったことに不満を持っていた。だから、瓢箪から駒のような展開で安倍派の影響力を殺げたことを喜んでいる〉という見方だ。

自民党の主要派閥が開いた政治資金パーティーの収入をめぐり、政治資金収支報告書に「虚偽記載」をした政治資金規正法違反の疑いが大きな問題として急浮上したのは、2023年11月中旬のことだった。

各派が政治資金収支報告書に記載した金額が実際の収入より少なかった事例や、派閥が閣僚経験や当選回数に応じて課したパーティー券販売のノルマより多く売った派閥所属議員にノルマ超過分をキックバック（環流）しながら、派閥側も議員側もその出し入れを報告書に記入していなかった問題が明らかになった。

とくに金額の多さ、組織性、悪質性が際だったのが、元首相の安倍晋三が生前に率いていた安倍派だった。2023年12月初めの時点では、それまで深く静かに進んでいた東京地方検察庁特捜部の捜査が、一部メディアへのリークを通じて、いよいよ強制捜査に突入するとの観測が強まっていた。派閥の実務を担う事務総長をはじめ、国会議員が就任する派閥幹部ポストの経験者に対する聴取は避けられないという見方が支配的になる中、岸田は政権イメージの悪化を食い止めようと、特捜部が強制捜査に乗り出す前に「安倍派切り」に踏み込んだ。

安倍が2022年7月に殺害され、トップを失った安倍派は、政界引退後も安倍派に隠然たる影響力を持っていた元首相・森喜朗の意向で、「5人衆」と呼ばれる集団指導態勢をとってきた。内閣官房長官・松野博一、経済産業相・西村康稔、自民党政務調査会長・萩生田光一、自民党国会対策委員長・高木毅、参議院自民党幹事長の世耕弘成の5人である。

岸田は、それまで政権で厚遇してきた5人衆全員の交代を決めた。ともに安倍派所属の総務相・鈴木淳司と農林水産相・宮下一郎も閣外に去り、安倍派所属の副大臣も全員が交代となった。将来の総理・総裁への可能性を少しでも残そうと、萩生田と世耕は岸田から更迭を言い渡される前に、自ら辞意を表明した。

「安倍亡き後」も権勢を誇っていたかに見えた安倍派の幹部の一斉交代は、メディアがわずか数週間で政治資金パーティーをめぐるスキャンダル一色に染まったこともあり、岸田にとっては予想外の出来事だったとする見方もあった。だが、実態は違った。岸田が、その後の安倍派などへの家宅捜査や、5人衆に対する特捜部の任意聴取を予期していなかったわけではない。

大騒動の3か月ほど前、派閥のパーティー券問題が政権に深刻な打撃を与えることを早々と見越して、岸田に衆議院解散・総選挙を迫り、ダメージコントロールを図るよう進言する人物が2人いた。

自民党総務会長の森山裕と党本部事務総長の元宿仁だ。

たいていのスキャンダルは、選挙で再選されることによって「禊ぎが済んだ」ことになる。これは、なにも政治家側の一方的な考え方ではなく、有権者も選挙が終わると、どれだけ盛り上がったスキャンダルでも忘れるか、熱量を失い、水に流してしまう。それは、日本の「政治文化」の特徴かもしれない。

「だから、今、衆議院を解散して総選挙にうって出れば、ダメージは最小限に抑えることができます」

森山と元宿は、繰り返し岸田に進言を続けた。

森山は鹿児島市議会議員から参議院議員になり、後に衆議院議員に転じたたたきあげの「党人派」だ。元宿は自民党職員として長年、党の政治資金集めに携わり、政局に関しても国会議員以上の経験と嗅覚があることから、歴代総理大臣が頼りにしてきた。

自民党の主要派閥のパーティー券問題は、なにも2023年暮れになって初めて分かったことではない。2022年秋には既に、日本共産党の機関紙「赤旗」が、パーティー券を購入した個人、企業・団体の支払い額の合計と、各派の政治資金収支報告書の数字が合わないという内容の記事を掲載していた。これを受け、政治資金をめぐる不正を過去に何度も告発してきた実績を持つ神戸学院大学教授の上脇博之が、パーティー券に関する膨大なアナログ資料をチェックし、2023年夏までには東京地検特捜部に告発していた経緯がある。

告発を受理した検察側は色めきだった。何としても、この告発内容をもとに、自民党の現職国会議員を立件したいと考える事情があったからだ。それは、2019年夏の参議院選広島選挙区での大規模買収事件で、東京地検特捜部の検事が広島市議会議員の供述を不正に誘導した事案だった。検察に対する信頼を損ねた不祥事から立ち直るうえで、現職国会議員の逮捕、起訴は大きな得点になる。2023年暮れには、東京都江東区長選で買収工作をしたとして、自民党に所属していた前法務副大臣の柿沢未途を、公職選挙法違反容疑で逮捕（後に起訴を受け、柿沢は2024年2月に議員辞職）してもいる。ここに、自民党の最大派閥の現職議員の逮捕、起訴が加われば、汚名をすすぐ機会にもなる。

検察は安倍派に対する恩讐の念を持っていたとする見方もあった。安倍政権のもとで東京高等検察庁検事長を務めた黒川弘務の「定年延長問題」のことだ。安倍内閣は2020年に検事長の定年である63歳となる黒川を、検察官には適用外とされてきた国家公務員法の定年延長規定を使って半年間続投させようとした。検察官の定年が国家公務員法ではなく検察庁法で規定されているのは、政治からの独立性、中立性を保つためだと説明されてきたのだから、黒川を買っていた安倍官邸が、従来の国家公務員法と検察官に関する政府解釈を覆したこと自体、検察側には「検察人事への政治介入に道を開く」（検察ＯＢ）迷惑な話であり、長期政権の「奢り」と映った。結局、黒川の定年が実際に延長される以前に、黒川は親しい全国紙記者と賭け麻雀をしていたことを週刊誌に報じられ、辞職に追い込まれた。定年延長問題で黒川がスポットライトを浴びることがなければ、賭け麻雀で不名誉な辞任をすることもなかったのに――。そんな思いが、検察内にはくすぶったという。

特捜検事から弁護士に転身した「ヤメ検」の一人は「検察は政治的に動く。安倍を失い、岸田政権も安倍派も体力が落ちている状況でなければ、パーティー券問題への対応も違っただろう」と検察側の思いを推察する。

自民党は告発を受け、顧問弁護士に対応を検討させた。弁護士チームは、各派のパーティー券売り上げに関する収支報告書への記載漏れは「誤記載」ではなく「虚偽記載」と認定される可能性が高く、同じようなやり方が何年も繰り返されていることを危惧した。そこで、自民党本部には「継続性、悪質性、組織性があると特捜部が判断する可能性が高く、収支報告書の記載を修正すれば済む話ではない」との見解を伝えた。

弁護士チームの見解はただちに自民党の要路に伝わった。検察側に強い政治的な動機が働き得ることも、自民党執行部の間で共有された。だが、対応策は割れた。

森山と元宿の考えは、いわば「スキャンダル隠し解散」だった。2023年秋の臨時国会の冒頭か景気対策のための2023年度補正予算を上げた後に衆議院を解散してしまえば、その間に特捜部の強制捜査が行われることはない。かりに週刊誌などで疑惑が取り上げられても、国会で野党から追及される場面がテレビで連日報じられることもない。当時の自民党の調査では野党の支持が相変わらず低く、自民、公明両党で衆議院の過半数の議席を維持することも可能だとする結果が出ていて、スキャンダル下での総選挙でも自信があった。総選挙で「リセット」された岸田政権は、派閥パーティー券問題で国会議員が事情聴取を受けるような事態になっても、ダメージを抑え込み、危機を乗り切れるという計算だった。

実際、派閥の政治資金パーティーを使った「裏金づくり」は、2005年3月に共同通信が「パーティー収入裏金化か　割り当て超の販売で還元　森派、若手議員に支給」という見出しで報じたことがあった。森派とは、元首相の森が会長を務めていた清和政策研究会のことで、2023年に安倍派のスキャンダルとして明らかになった清和政策研究会のキックバック・虚偽記載と全く同じ構図だった。しかし、2005年当時は森派出身の小泉純一郎政権で、メディアも世論も小泉が自民党内の反対を押し切って進めようとしていた郵政民営化をめぐる攻防に耳目を奪われるあまり、裏金問題はほとんど無視された。

もちろん、同じ裏金疑惑でも2005年と2024年とでは、重要な違いもあった。2005年の時点では、派閥からキックバックされたカネは使い道を明らかにしなくてもいい「政策活動費」であるという説明を突き崩してまで立件可能だと判断する証拠が不十分だったため、「検察側も突っ込むことをためらった」（元特捜検事）。これに対し2024年は、安倍派の参議院議員のまとめ役だった参議院自民党幹事長の世耕弘成が「古巣」のNTTから安倍派の会計責任者に引っ張ってきた松本淳一郎が「永田町の慣習を熟知していなかった」（安倍派関係者）ことで、多くの証拠を検察側に渡してしまう「失態」（同）を演じ、2023年末の時点では立件の見通しが立っていた点が、20年を隔てて表面化した同一問題のその後の展開を大きく分けた。

2005年の時点で、政治家の危機感がいかに乏しかったかは、2024年3月1日に衆議院政治倫理審査会で陳述した元文部科学相で安倍派座長を務めた塩谷立の、立憲民主党の寺田学の質問に対する答えに象徴的に表れていた。寺田は2005年の共同通信の記事を1面に掲載した塩谷の選挙区の地元紙である静岡新聞をとりあげ、「20年前にも同じことがあった」と紙した。塩谷は「全く覚えていない」と言い切った。塩谷が正直に答えたのか、嘘をついたのかはともかく、この問題が当時は尾を引かなかったことだけは間違いない。少なくとも、裏金問題が2005年の時点では政局を揺るがす性質の事案であるとは、永田町でも世間でも考えられていなかった。

2005年8月に小泉が衆議院を解散、郵政民営化に反対した自民党議員59人を党規委員会で処分（うち除名・離党勧告37人）し、無所属となって衆議院小選挙区に出馬した処分対象者に「刺客」を対抗馬として立てた「劇場型選挙」を仕掛けると、裏金問題は完全に風化し、以降、取り上げられることはなくなった。

森山と元宿の脳裏には、2005年に衆議院解散がスキャンダルの火種を消し去った「成功体験」があったに違いない。これに対し、自民党副総裁の麻生太郎や党幹事長の茂木敏充は、臨時国会での衆議院の解散には慎重だった。政治資金収支報告書の「誤記載」は野党も含めて日常茶飯事のように起きていて、指摘を受けた段階で修正すればいいという感覚があったことも間違いないが、もっと別の思惑が働いていた。

ある自民党幹部は「麻生、茂木は、自派は安泰であると分かっていたから、政治資金パーティーの問題は、あるじを失った最大派閥・安倍派を弱体化させる機会になると考えた。安倍派の影響力が殺がれれば、相対的に岸田政権での麻生、茂木の存在感が強くなると計算した」と解説する。

茂木が率いる平成研究会（茂木派）は、派閥トップが元総理大臣・橋本龍太郎だった16年前に、日本歯科医師会の政治団体である日本歯科医師連盟から平成研究会への「闇献金」問題で元官房長官の村岡兼造が政治資金規正法違反で有罪となり、橋本ら幹部も東京地検特捜部の事情聴取を受け、派閥が弱体化していった「失敗体験」がある。このため、政治資金収支報告書の扱いも慎重になっていて、「茂木派には立件に至るような問題はない」と、自民党の弁護士チームも結論づけていた。

麻生が率いる志公会（麻生派）や岸田が総理大臣就任後も会長を続けていた宏池政策研究会（宏池会、岸田派）の政治資金収支報告書にも「不記載」は見つかったものの、安倍派と比べれば金額からしても問題はないと考えられた。

自民党執行部を二分する解散論と先送り論の間で、肝心の岸田は揺れた。

2021年の総選挙は、岸田の手で解散したとはいえ衆議院議員の任期満了日の10日後が投開票日では、憲法第7条で定めた「天皇の国事行為」の解釈として「首相が好きな時に衆議院を解散できる」という意味での「解散権の行使」とは程遠かった。一度は「伝家の宝刀」を抜きたいという誘惑は歴代首相が共有していたもので、岸田も例外ではなかった。

そんな岸田の衆議院解散への思いが漏れる度に、岸田周辺が「解散は近い」という観測をメディアに流したために「解散風」が吹いた。最終的な決断をしていなかった岸田は「俺は何も言っていない」と火消しに追われたが、解散に傾く場面が全くなかったわけではない。

その一方で、衆議院を解散しないまま、安倍派を「反・岸田」にすることなく、勢力を減退させたいという思いも、岸田にはあった。政権発足以来、自民党の「保守タカ派」、とりわけ安倍派に多い「保守右派」に手枷足枷をはめられたかのような政権運営上の制約を、岸田が窮屈に感じていたことは間違いない。

もともと、自民党にあって「リベラル派」の牙城と言われてきた伝統派閥・宏池会に長く身を置いてきた岸田には、「リベラル派」の発想がしみついていた。政策理念の発露の仕方や個々の政策を見ると、自民党内を「保守タカ派」「保守右派」「保守ハト派」「リベラル派」と単純に分類できるわけではないものの、安倍派が体現していた「保守」と岸田の「リベラル」の間には距離があった。

安倍の存命中は、岸田と安倍は政策理念に隙間はあっても、1993年総選挙での同期当選で年齢も近く、友情で結ばれていた面があった。

2021年に菅義偉内閣の退陣を受けて首相になった岸田は、ただちに総選挙を行わねばならず、翌年には参議院議員選挙が控えていた。このため、選挙対策上は自民党の「岩盤支持層」とされる「保守右派」の支持者が「リベラル派」の岸田から離れていくことがないように、岸田は政策の打ち出し方に気を遣った。

岩盤支持層とは、たとえ自民党に強い「逆風」が吹いていても、自民党支持を変えないだけではなく、必ず投票所に足を運ぶ有権者層を指す。既に政界を引退した自民党の長老は「肌感覚」として、岩盤支持層は「自民党支持層の7割、有権者全体の2割弱を占めている」と見る。「保守タカ派」「保守右派」の側に立つ自民党支持層はロイヤルティーが高いのに対し、「保守ハト派」「保守リベラル派」の傾向を持つ自民党支持層は逆風下の選挙だと棄権に回ったり、野党に投票したりする傾向があると、この長老は分析する。このため、岩盤支持層を意識した政権運営は、「保守右派」の多い安倍派への配慮にもなり、人数では自民党の第4派閥を率いていた岸田にとっては、党内バランスをとり、権力基盤を固めるためにも一石二鳥だった。何よりも、「保守右派」が〝暴走〟しようとしても、必ず安倍が抑え込んでくれるという信頼感を、岸田は安倍に対して抱いていた。

その後、2022年参議院議員選挙の遊説中に安倍が奈良市内で凶弾に倒れると、岸田にとって安倍派の存在は、安倍による抑えが利かなくなった制御困難な面倒な集団と映るようになっていった。多くの出来事やすれ違いが積み重なった結果ではあるものの、中でも岸田が「右」への配慮を見直す主要なきっかけとなったのは、安倍の国葬実施に対する世論の否定的な声の多さや、LGBT（Lesbian, Gay, Bisexual, Transgender の頭文字をとった性的少数の人たちを総称する言葉）理解増進法の制定に対する「保守右派」の強い反発だった。

衆議院を解散しなければ2025年参議院選まで、岩盤支持層に対する特段の配慮が欠かせない国政選挙がないことも、「いつまでも安倍派の言いなりにはならない」という気分を高めた。

最終的に岸田は、森山、元宿の解散論を退け、麻生、茂木の「安倍派弱体化」路線に乗った。その後、パーティー券問題をめぐる「政治とカネ」の問題は、岸田の予想を超えて「自民党全体の危機」に発展し、岸田派も自民党の弁護士の見立てや、首相官邸内の警察官僚からあがってきた情報とは裏腹に、元会計責任者が略式起訴され、岸田を戸惑わせはしたが、「安倍派外し」はおおむね成功した。閣僚、副大臣、政務官の全てのポストから安倍派を一掃するという岸田周辺にあった案には、麻生がストップをかけた。岸田、麻生、茂木の3主流派態勢を固めていくうえでも、性急な安倍派の一掃は自民党を不安定化させる。そこで、政務官には安倍派所属議員も残すことで、安倍派排除の色合いを薄めた。麻生の助言は決して、麻生と安倍の盟友関係に由来する安倍派に対する温情ではなかった。

岸田に残された重い課題は、安倍がイコンとなっていた「保守右派」を支持する自民党の岩盤支持層のつなぎとめだ。このまま内閣支持率が低迷を続けても岩盤支持層さえ手放さなければ、多弱状態を解消できない野党に大敗する心配は少ない。懸念は、「安倍派外し」によって岩盤支持層が自民党に投票しなくなったり、棄権したりすることで、そうなると投票率の漸減傾向の中で相対的に力を高めてきた岩盤支持層の影響力が弱まり、政権基盤そのものが危うくなる。

そこで岸田は、秋の衆議院解散総選挙を見送る決断を固めながら、「保守右派」を意識した取り組みを始めた。一つは、安定的な皇位継承を実現し、かつ、女系天皇を否定するための検討組織を自民党内に新設すること。もう一つは、任期中の憲法改正への意欲を繰り返し、改めて強調したことだ。

「保守右派」の安倍派を遠ざけながら、岩盤支持層を形成する「保守右派」を意識した政権運営をする——。岸田の綱渡り的なやり方からは、近年の日本が「右傾化」していると言われるようになった「からくり」の一端が見えてくる。「保守右派」に迎合するような政策を堅持しておくことで、投票所に足を運ぶ有権者のうち自民党の岩盤支持層を中心に3割の支持を固めることができる。相対得票率で3割を超えれば、選挙制度のマジックによって議席占有率は6割近くになるという「からくり」だ。

日本が右傾化しているとの見方は、政権のイメージと社会の変化の両面から出されてきた。

政権に関しては、例えば自民党の中曽根康弘政権（1982～1987年）の時も、中曽根が1985年の終戦記念日（8月15日）に靖国神社に公式参拝をしたり、「防衛費は国民総生産（GNP）の1％以内」という従来の政府方針の枠を取り払ったりしたことをきっかけに、中国や韓国から「右傾化している」という批判が浴びせられたことがある。

ただ、当時の自民党主流派は「中道リベラル派」であり、中曽根の退任後は竹下登、海部俊樹、宮沢喜一といった中道リベラルの首相が政権を担ったこともあり、右傾化批判は長続きしなかった。むしろ、非自民・非共産の8党会派連立による細川護熙政権（1993～1994

年）が、最大与党だった社会党の影響もあって、「中道左派」色の濃い政策に軸足を置き、細川が先の大戦を「侵略戦争だった」と明言するなど、政治は「左」に振れていると受け止められた。自民党が社会党委員長を首相に担いだ村山富市政権で権力の座を取り戻した時も、社会党がそれまでの立場を変えて自衛隊を合憲とする大転換はあったものの、基調は「リベラル派」の政権だった。自民党総裁は「ハト派」の代表格だった河野洋平で、村山政権樹立に奔走した自民党衆議院議員の白川勝彦や社会党衆議院議員の伊東秀子らが作った有志勉強会の名称が「リベラル政権を創る会」だったことからも、右傾化とは無縁の政権イメージだったことがうかがえる。

再び政権の右傾化が取り沙汰されるようになるのは、自民党主流派が「保守タカ派」「保守右派」の清和政策研究会に移った2000年代以降だ。とくに、清和政策研究会出身の森、小泉、安倍の第1次政権までの約7年、第2次安倍政権から安倍の退陣までの約8年の計15年間は、主流派となった清和政策研究会が膨張し、宏池会とともに「中道リベラル派」だった平成研究会が日本歯科医師連盟の闇献金問題で退潮傾向になったこととあいまって、自民党が全体として「右寄り」の色彩を帯びるようになった。小泉政権以降、経済政策では市場競争に任せて政府の介入を抑制する「新自由主義」の傾向が強まり、その「弱肉強食」を想起させる政策の過剰さを懸念する勢力からは、新自由主義と右傾化を同根とする見方も示された。

2009年から2012年まで政権を担った民主党は、「中道リベラル派」を最大勢力として抱えていたが、政策の財源や数値目標を明記するはずのマニフェスト（政権公約）に多くの矛盾を抱え、党のガバナンスが脆弱で内部分裂が起き、混乱と有権者の失望の中で退場した。この民主党の「失敗」も、民主党に対抗するために「右寄り」のスタンスを強めていた自民党が、政権復帰後も「保守右派」路線を突き進むことにメリットを見いだす背景となった。

一方、社会現象をめぐる右傾化に関しては、日本の文化や伝統、社会のすばらしさを「再発見」し、賛美する「日本礼賛」の書籍の氾濫が、ナショナリズムの高まりの表れとして論じられるようになった。『徹底検証　日本の右傾化』（塚田穂高編著、筑摩書房）で編集者の早川タダノリは、2000年代以降のテレビ番組や書籍の傾向について「日本スゴイ」系のコンテンツがあふれ、国民意識を「右寄り」にする効果があると警鐘を鳴らしている。月刊総合誌を見ても、活字離れが進んだ過去20年ほどの間でも40万部以上の発行部数を誇った保守系の『文藝春秋』のほか、それよりさらに「右」の論陣を張る『WiLL』『Hanada』『正論』の発行部数も、最近まで合計15万部前後と推計されていたのに対し、「リベラル左派」の『世界』は4万部程度で、中道の『中央公論』と合わせても「保守右派」に読者数が及ばない。このことをもって、インテリ層の「右傾化」の証左だとする見方もある。

SNS（ソーシャルネットワーキングサービス）で、考え方や価値観の異なる発信者に対する「左」「右」両陣営からの苛烈な批判、非難が日常的になる中で、「右」の攻撃性ばかりが目立つのは、「左」の側には「多様性を重んじる」という建前もあって、攻撃力では「右」に劣り、攻撃対象も分散する傾向があるからだろう。

子細に見ていけば、日本が右傾化しているという見方には、一定の「真実」と一定の「誇張」がある。ではなぜ、有権者全体から見れば2割程度の「保守右派」層が律義に投票所に向かい、自民党や、自民党候補の名前を投票用紙に記すことが、政治全体に右傾化の印象をもたらすのだろう。自民党に投票しなかった7割近い有権者の思いは、なかったかのように扱われていないだろうか。自民党を支持しない7割の有権者が、自民党の岩盤支持層のようにまとまらないのはなぜなのだろうか。そもそも、日本は本当に右傾化していると言えるのだろうか。

本書では、1990年代に政界を席巻した「政治改革ブーム」で行われた数々の制度改革から、歴代最長の首相在任記録を持つ安倍の第2次内閣以降の施政を経て岸田内閣に至るまで、「右傾化」にまつわるエピソードを追いながら、その実態を考えていく。

加えて、この時代は、日本が高度成長から水平飛行、衰退期に入ったと言われる「失われた30年」と重なる。「失われた30年」の分析は、主に政治、経済の観点から多岐にわたって行われている。そうした先人たちの成果も参考にしつつ、「右傾化」の真偽を探る作業を通じて近年の政治を振り返り、自民党派閥のパーティー券問題で30年ぶりに再来した「政治改革」機運の虚実についても触れていきたいと思う。

第1章 安倍の国葬

決断までに要した時間は、わずか2日だった。

2022年7月10日、第26回参議院選の開票作業が進むさなか、首相の岸田文雄は2日前に「暗殺」された元首相・安倍晋三を「国葬」で弔うと決め、首相官邸のごく限られたメンバーに準備を指示した。岸田の即決ぶりは、表向きは約8年に及んだ安倍政権の政治路線や政治手法の〝修正〟を売りにしながら、現実には安倍政権の支持基盤の中でも中核だった「保守右派」に対する恐れにとらわれていたことを示していた。

相談ではなく決定事項

歴代最長の3188日、9年近い首相在任記録を打ち立てた安倍は、2022年7月8日、参議院選の自民党候補を応援するため、奈良市を訪れていた。その遊説の最中、元海上自衛隊員の山上徹也が、警備の不備を突いて自作の銃で安倍を背後から撃った。

自民党の大幅な議席減を予測する事前報道もあった中で、安倍の死に対する同情から、自民党から離れかけていた岩盤支持層をつなぎとめる効用があったことは、報道各社の世論調査と出口調査から推察された。

そうした選挙後の分析を待つまでもなく、安倍が率いる最大派閥・清和政策研究会（安倍派）や、安倍と思想信条が近い副総裁・麻生太郎が率いる志公会（麻生派）に政権基盤の安定を依存していた岸田は、悲しみとともに、改めて確信に包み込まれていた。「保守タカ派」「保守右派」と形容される安倍の政治路線を継承しているとアピールすることが、安倍がいた時以上に、自民党の岩盤支持層のつなぎとめに欠かせないという考えだった。

参議院選の投開票日の早い段階で、2021年の総選挙に続く国政選挙2連勝の見通しが伝えられた岸田には、安倍の葬儀の形式を考える余裕ができた。岸田が最初に「国葬」のアイデアを伝えたのは、官房副長官の木原誠二だった。

岸田政権樹立まで岸田を献身的に支えた最側近の一人である木原は、反射的に「国葬は難しい」と反対した。〈岸田は自分から言い出したことを変えない〉と知っていた木原は「これは相談ではなく、決定事項だ」と理解し、「『保守右派』に対する配慮に違いない」とも直感した。

宏池会（岸田派）は、政策面の立ち位置を「リベラル派」「保守ハト派」「保守左派」と形容される。2021年10月に岸田内閣が発足して以来、安倍の長期政権の間に自民党内で存在感を高めるようになった「保守右派」に対し、「リベラル派」のレッテルを貼られがちな岸田の「保守右派」対策を首相官邸で担っていたのが、岸田派所属の木原だった。

岸田は政策面でも政局の対応でも、木原に厚い信頼を置いていた。政権発足から1年弱、木原は四苦八苦しながら、岸田の政策が「保守右派」と敵対していると受け止められないようにすると同時に、「保守右派」に過剰に足を引っ張られることも避けようと、目配りしてきた。

岸田が木原の判断に異論を挟むことは、少なかった。

ところが「国葬」の実施に関しては違った。木原に事前の相談もなく、岸田本人が独断で「右」に舵を切ったようにしか見えなかった。

端緒となった佐渡金山

岸田政権は始動直後から、自民党内の「保守右派」への対応に苦戦してきた。

いきなり直面したのが、韓国が「日本にいた朝鮮半島の人々を強制労働させる現場だった」と主張する「佐渡金山」（新潟県）を、国連教育・科学・文化機関（ユネスコ）の「世界文化遺産」に登録する候補として推薦することの是非だった。

案件自体は岸田政権以前から進んでいたものの、岸田は日韓関係がさらに冷え込むことを懸念し、推薦を先送りする考えだった。これに対し「保守右派」は、「韓国の主張は歴史の歪曲だ」「岸田政権は『歴史戦』から逃げるのか」と反発した。

折しも、ユネスコへの推薦期限が、岸田の首相就任から間もない時期に訪れる巡り合わせだったこともあり、佐渡金山を世界文化遺産の候補として早期に推薦するよう求める「保守右派」からの突き上げは、もろに岸田内閣に向かった。

岸田には、助走期間でつまずくわけにはいかない政権基盤の脆さがあった。

岸田が首相就任後も会長の座にとどまった岸田派は、所属議員40人余で自民党の第4派閥の地位にとどまっていた。ともに50人以上を抱える第2派閥の平成研究会（茂木派）、第3派閥の麻生派のバックアップを受けてはいるものの、100人近いメンバーを擁していた安倍派の協力は、安定した党内基盤と政権運営に欠かせなかった。

ただ、政策理念からすれば岸田派と安倍派は対極にあると見られていた。そうした党内事情もあって、佐渡金山の事例で内閣が当初方針にこだわることは、自民党内の力学からすれば安倍派を敵に回し、政権のダメージになりかねないと、木原をはじめ岸田側近たちは考えた。

結局、岸田も安倍派への配慮から折れて、世界文化遺産登録に向けた推薦の手続きをただちに進めた。韓国は強く反発したが、文在寅（ムンジェイン）政権の反日政策に辟易としていた永田町、霞が関、そして日本の世論も、岸田の方針転換に理解を示す声が予想以上に多かった。

もともと岸田は、自分のアイデアに基づくものでない限り、政策面でのこだわりが驚くほど少ない政治家だ。このため、「保守右派」にどこまで配慮するのが得策かといった政権にとっての損得勘定は、木原が担わなければならなくなった。

結果として、岸田政権にとってはダメージよりプラス材料の方が多かったように見えた佐渡金山の一件以降、首相官邸で「保守右派」との間合いを計る役割は、木原が主導的に務めるようになった。

場面を、国葬の実施が決まった日に戻す。

岸田の良く言えば柔軟、悪く言えば芯のない政治手法に慣れていたからこそ、木原の目には、岸田の「国葬」へのこだわりが、特別なものに映った。

首相側近の一人は、「永田町は貸し借りの世界だ。佐渡金山の時のように『保守右派』から突き上げを受けて方針を変えるより、先手を打って国葬を宣言した方が、『保守右派』に対する貸しになると計算したのだろう」と分析する。

実際、安倍が亡くなった直後から、「保守右派」的な論調で知られる産経新聞の論考などでは「国葬をもって憲政史上最長の在任記録を樹立した功績を讃えるべきだ」との声が上がっていた。

その意味では、国葬のアイデアは岸田のオリジナルとは言えず、また、唐突に思いついたものでもない。

それにしても、わずか2日間でどれだけの深謀遠慮があったのか。少なくとも、岸田が自らの判断を下す前に、首相官邸内で側近や官僚に相談した形跡はない。

しかも、国葬を行うべきだという声が上がるようになったことに対し、首相官邸で岸田を支える官僚は総じて後ろ向きの考えを持っていた。もし、岸田が彼らに事前に相談していたら、

分断拡大のリスク

その時点でマイナスの反応があったに違いない。

例えば、経済産業事務次官を務め、岸田政権で主席首相秘書官に起用された嶋田隆や、警察庁出身の官房副長官・栗生俊一ら「官邸官僚」も、岸田が木原に国葬実施の考えを伝えたのとほぼ同じ頃、国葬の準備を進めるよう指示された。首相の決定事項に反対する選択肢はなかったものの、嶋田や栗生は国葬に対する懸念を示さざるを得なかった。

木原や官邸官僚が危惧したのは、国葬が日本社会にさらなる分断をもたらしかねないリスクをはらんでいることだった。

国葬の実施は、安倍の生前の業績を肯定的に評価する意味合いを否応なく帯びる。安倍を敬愛する人も嫌悪する人も、一様に弔意の表明を強要される可能性がある。そうなれば、安倍政権のもとで広がった世の中の「右」と「左」の対立、保守とリベラルの溝が、さらに拡大しかねないと考えたのだ。

分断を拡大する国葬が、岸田の決断に基づくものだということになれば、岸田が自民党総裁選に挑戦した際に強調した「分断から協調へ」のスローガンとは矛盾する。安倍政権、菅義偉政権で顕著になった政治、社会の亀裂を修復することを掲げて登場したのが岸田政権ではなかったのか。そんな思いが、首相官邸内では共有されていた。

国葬の法的根拠は

それでも、首相の決断、指示は重い。

参議院選の投開票日の当日から、首相官邸内の検討の焦点は、国葬の是非ではなく、国葬を実施する根拠、理屈探しに移った。

木原は「例えば、外国からの要人を国賓にするかどうかは、内閣で決める。国会の承認を得る必要もない。同じ建て付けで、国葬の根拠を示すことはできないだろうか」と官邸官僚たちに水を向けた。

木原の提案をヒントに国葬の法的根拠の検討が始まり、最終的には内閣法制局が「内閣府設置法を根拠にして国葬を実施できる」という見解をまとめた。

2000年の中央省庁再編で新たに誕生した内閣府の所管事項を決める際、内閣府に国葬を担当させるかどうかの議論があったことを示す文書も見つかり、「岸田内閣が思いつきで国葬を打ち出したのではなく、政府としてずっと検討を続けてきた」と説明できる材料もそろった。

それだけではない。国葬のために海外から多くの要人が来日し、「弔問外交」を行うメリットも、にわかに強調され始めた。

この点について岸田側近は「まず『国葬ありき』だったことは、確かだ。弔問外交の話など、参議院選の投開票日の時点で、これっぽっちも出てこなかった。全て、後付けだ」と言い切る。

2022年7月14日、岸田は正式に「国葬儀」の実施を発表した。

「安倍路線」の尊重

安倍が亡くなった時点で、安倍家としての葬儀とは別の公的な弔いをどのように実施するかをめぐるコンセンサスは、首相官邸にはなかった。歴代の自民党総裁が亡くなった時と同様に「内閣・自民党合同葬」とするか、別の形式を検討するか——。岸田を除く首相官邸内の暗黙の了解は「参議院選が終わって、落ち着いてから議論に着手すべきテーマ」だった。

首相官邸の中で岸田だけが猪突猛進したのは、岸田政権の安定にとっては「安倍亡き後」こそ、安倍政権の継承を強く打ち出す必要があると考えていたからだ。少なくとも安倍が暗殺された時点では、岸田は「安倍政治」の継承に、それまで以上に大きく傾いていた。

無論、戦前の「国葬令」が1947年に失効して以降、国葬の対象や基準を明示的に定めた法令が存在しないことを、岸田が知らなかったわけではない。

1967年10月31日に行われた元首相・吉田茂の国葬は、時の佐藤栄作内閣の判断によるものだった。吉田の国葬をめぐって激しい反対論がわき起こったこともあり、その後の自民党は歴代首相が亡くなると、内閣・自民党合同葬で弔う形式を定着させていった。そうした経緯も、岸田は承知していた。

にもかかわらず、前年の内閣改造後、新閣僚の不祥事が次々と発覚した際には問題閣僚の更逡を決めるまで逡巡を続けて組織としては傷口を広げてきた岸田流の意思決定が、国葬の時は見違えるほど素早かったのは、「安倍路線」の尊重が政権の命綱だという確信があったからだ。

岸田にとって衆議院で同期当選の安倍は、政治理念が一致しなくても、互いに友情を感じる存在であり、ライバルでもあった。だから、岸田が国葬を決めたのは、「保守右派」に配慮した損得勘定ではなく、友情からだといった受け止め方もある。それは一面、正しい。だが、安倍の国葬を行うことは結果として、岸田が安倍政権の政策のみならず、政治手法まで是認しているという印象を与えることを、岸田が計算していなかったはずがない。岸田は、それがマイナスにはならないと算盤をはじいた。

安倍の政策理念に近さを感じていた自民党の岩盤支持層にとって、「リベラル派」の岸田に対する忠誠心は持ちにくい。岸田は、1990年代半ば以降、国政選挙の投票率が下落傾向を続ける中でも欠かさずに投票所に足を運ぶことで相対的に影響力を増した岩盤支持層を失い、政権基盤が弱くなる事態は避けたかった。そうであれば、「岸田内閣はリベラル一辺倒ではなく、保守右派に配慮している」とアピールするためにも、国葬の実施は悩むまでもない選択だった。岸田をずっと近くで見守り支えてきた木原には、そう映った。

旧統一教会問題の影響

岸田による国葬実施の決断は、その後、思いもかけない道筋をたどった。安倍を銃撃した山上の動機が明らかになり、自民党に打撃を与えることになったからだ。

山上は、信者に高額の献金を強いたり、霊感商法を行ったりして社会問題にもなった宗教法人・世界平和統一家庭連合（旧統一教会）に母親が入信し、教団への献金などで生活が困窮し、山上自身の人生が狂わされたことを恨んでいた。山上は、安倍が旧統一教会との関係が深かったと信じて怒りを向け、標的にした。

山上が取り調べに対して語った動機は、メディアに漏れて報じられる前に、首相官邸には伝わっていた。旧統一教会が長年、政治団体「勝共連合」を通じて自民党の選挙に協力してきたことは、広く知られていた。韓国で誕生した旧統一教会は、日本での布教にあたり、安倍の祖父で元首相の岸信介を頼った。「共産勢力と戦う」という点で、旧統一教会と岸の利害が一致したことが大きかった。

岸の系譜につらなる福田赳夫が創設した派閥・清和会（1993年の「派閥解消」時に清和政策研究会に名称変更）が、福田を首相に押し上げた後は30年近く総理・総裁を出せず、自民党の「非主流派」の道を歩んだことも、旧統一教会との関係がずるずると続く要因になった。企業・団体献金の多くが、主流派だった経世会（竹下派。1993年の「派閥解消」時に平成研究会に名称変更）や宏池会に集まる中で、非主流派の清和会は、旧統一教会のような集票力、資金力、政治的影響力も小さかった団体とも、広く薄く関係を維持していかざるを得なかったからだ。

旧統一教会の活動は社会問題になったものの、1995年に当時のオウム真理教が引き起こしたテロ事件の方に宗教団体絡みの関心が移り、メディアでも徐々に話題になる機会が少なくなった。その裏で旧統一教会が、安倍をはじめとする自民党の有力者との関係を宣伝材料に使いながら問題活動を続けていたことも、安倍が殺害された後の報道で明らかになるまでは、大きな関心をひくことはなかった。

こうした報道を受け、世論には安倍の政策面での達成や実績ではなく、旧統一教会との関係を理由に「安倍は国葬にふさわしい政治家だったのか」と、国葬に否定的な声が増えていった。国葬の実施で自民党の岩盤支持層を固めようとした岸田の決断は、安倍、菅政権の退場で自民党に戻り始めていた無党派層や「リベラル派」の岸田離れを招くという副作用も起こし、岸田内閣の支持率はガタガタと落ちていった。

「保守右派」への配慮と「岸田らしさ」

2000年代に小泉純一郎政権が登場して以降、日本社会が「右傾化」していると言われる場面が増えていたものの、岸田政権が誕生する前後から社会を覆っていたのは、「保守右派」と「リベラル派」がいがみ合い、建設的な議論ができない雰囲気だった。双方がSNSを通じ、互いを口汚くののしる風潮だった。

日本社会は「分断」の色彩が濃くなっていて、政権与党は選挙で確実な得票が期待できる

「保守右派」に迎合するような政治を展開するようになっていった。

ただし、国葬をめぐる「分断」は単純ではなかった。永田町を見ると、安倍の業績を評価する「保守右派」が国葬を歓迎し、「リベラル派」が激しく批判するというほど、分かりやすい図式ではなかった。それは、リベラル色の濃かった民主党政権で首相を務めた野田佳彦が、所属していた立憲民主党の大勢が否定的であったにもかかわらず国葬に出席し、その後、国会で安倍に対する胸を打つ追悼演説まで行ったことからも分かる。

国葬に限らず、防衛費の倍増をはじめ、「保守右派」が主張してきた政策を、岸田は「ハードルを跳ばずに、ハードルの下をくぐるように実現した」（岸田側近）。これに喜んだ「保守右派」は逆に、ＬＧＢＴ理解増進法のようなリベラル色の強い政策を岸田政権が進めたことには、「岸田政権は『リベラル派』に毒されている」と強く反発してみせた。

実態をよくよく見れば、安倍に共鳴していた「保守右派」も、安倍を否定する「リベラル派」も、主戦場はそれぞれの立場に特化した雑誌やＳＮＳで、言葉は激しく、耳目を引くものの、どちらも世論の多数派だったとは言い難い。

安倍自身が自らを批判する人々に激しい言葉を浴びせて反論する政治スタイルだったこともあり、国会の場で「右」と「左」の対立が必要以上にあおられ、政治の風景をギスギスさせた面もあった。

安倍政権下、ＳＮＳなどで数多く取り沙汰された言葉をざっと拾い上げてみると、「日本会議」「靖国参拝」「憲法改正」「安保法制」「特定秘密法案」「愛国心」「ヘイトスピーチ」「慰安婦問題」「嫌韓」「媚中」などがある。いずれも、分断と対立のキーワードだった。攻撃性と極論が目立つネット空間で、「リベラル派」は「保守右派」を「ネトウヨ」とさげすみ、「保守右派」は「リベラル派」を「パヨク」と貶めた。

「分断から協調へ」を唱え、「聞く力」を売りにしようとした岸田政権も、この状況を変えることはできなかった。できないまま、国政選挙を意識し、党内バランスを考慮して「保守右派」の取り込みを図ったことで、岸田に期待した「リベラル派」までもが、岸田政権と距離を置くようになっていった。

自民党の歴代政権にとって、「保守右派」に対する配慮が政権安定のカギとなっていたことは、間違いない。冷戦終結以前は、共産党に対する警戒心からだった。冷戦が終わり、衆議院の選挙制度が改革されて以降は、選挙で確実に計算できる票田としてだった。岸田政権も、例外ではない。しかし、「保守右派」への配慮に過剰に引きずられれば、「岸田らしさ」は損なわれ、政権が成し遂げたいことや国家像が見えにくくなり、逆に政権基盤を不安定にするリスクもある。それでも、「保守右派」に対する迎合の損得勘定は黒字になると思わせる雰囲気が、岸田の周辺に広がっていた。それが、安倍の長期政権の残響だったとしても――。

第2章 安倍と麻生の誓い

右傾化と保守主義の復権という二つの言葉の間にあるイメージのズレは、右傾化の実相を見誤る要因にもなる。戦後の日本の言論空間が「革新・左派」に支配され、自民党も保守主義を堂々と打ち出せなかったという思いを共有していた二人の政治家にとって、外国や世論の言う右傾化には、健全な保守主義の再興を試みる人間に不当なレッテル貼りをする意味合いがあるという気持ちがあった。

意外に短い盟友関係

曇天のもと、東京・芝公園の増上寺で営まれた元首相・安倍晋三の葬儀で、安倍の「盟友」だった元首相・麻生太郎が、友人代表として弔辞を読んだ。奈良市での暗殺事件から4日後、安倍の国葬に先立つこと2か月前の、2022年7月12日のことだ。

安倍が首相として国際社会で発揮した存在感を挙げて、「日本という国家の大きな損失にほかならず、痛恨の極み」とその業績を振り返る麻生の独特のしわがれ声には、悲嘆の思いがにじんだ。14歳年下で、誕生日も1日違いの安倍の遺影に、麻生は「私の弔辞を安倍先生に話していただくつもりでした」と語りかけ、参列者の涙を誘った。

安倍、麻生の「盟友」関係は、意外なほど短い。自民党総裁・首相だった小泉純一郎の後継の座を争った2006年の党総裁選にともに立候補した時点では、二人は接点の少ないライバル関係にあった。祖父が首相という共通点を持ちながら、二人に対するスポットライトの当たり方が対照的だったことも、二人の接近を妨げる要素だった。

安倍は1993年の総選挙での初当選から、祖父で元首相の岸信介の流れをくみ、元首相・福田赳夫が結成した派閥・清和会に所属した。この総選挙で下野した自民党は、結党以来初めて野党第1党の総裁となった河野洋平のもと、多くの批判を受けた派閥中心の政治構造から脱却するために派閥解消を掲げた。しかし、実態は、名称の変更と派閥会合の場所を自民党本部に変更するといった形式的な対応に過ぎず、清和会も清和政策研究会と名前を変えたものの、やがて派閥解消の掛け声は雲散霧消した。この頃から安倍は「清和会のプリンス」として注目され、持ち上げられた。

これに対し1979年総選挙で自民党の無派閥候補として初当選した麻生は、元首相・鈴木善幸の娘と結婚した縁もあって、初当選からしばらくして鈴木が派閥トップを務めた宏池会に入会し、1999年まで籍を置いた。九州の麻生セメントという大企業の経営者を務めて衆議院議員になった父を持ち、母親は元首相の吉田茂の娘という華やかな家系で、モントリオール五輪にクレー射撃の日本代表として出場したこともある麻生には、現職衆議院議員として落選した経験もある。その意味では、純粋培養の「お坊ちゃん」でもなかった。

思想信条の面では「保守タカ派」色の強かった麻生は、途中入会だったこともあり、「リベラル派」が主流の宏池会では居心地の悪い思いをしていた。

宏池会を離れた後は、自民党で「保守ハト派」を自任していた河野を慕う議員で作る20人足らずの政策グループ・大勇会で活動を続け、2001年の自民党総裁選に初めて臨んだものの、20人の推薦人を集めるのに四苦八苦した。選挙結果も、小泉の298票（議員175、都道府県支部連合会123）、返り咲きを狙った橋本龍太郎の155票（同140、15）に遠く及ばない31票の獲得にとどまり、県連票はゼロの惨敗を喫した。

その後、大勇会を継承した麻生は、2006年に独自の派閥・為公会に衣替えし、同年の総裁選で2度目の挑戦をしたが、戦う前から安倍の勝利が確実視されていた。小泉内閣で官房副長官を務めた安倍は、北朝鮮に拉致された日本人やその家族の帰国をめぐり、外務省にあった北朝鮮との妥協や融和を探る動きと対決したことがメディアに大きく取り上げられ、「保守右派」だけでなく、イデオロギー色の少ない人々の間でも人気を博すようになったからだ。

麻生にとって、安倍ばかりがもてはやされる構図は決して愉快なものではなかった。

2006年の自民党総裁選後、感情的な溝のあった安倍と麻生の関係をとりもったのは、安倍にも麻生にも食い込み、思想信条も近かった産経新聞記者だった。社会部出身で福岡勤務の際に麻生の知己を得た記者の媒介で、安倍と麻生は初めて腹を割って話すことができ、その場で意気投合した。

「安倍、麻生で10年やれば、日本に真の保守政治が取り戻せる」

麻生が、新首相の座を手中にした安倍に熱心に語りかけたのは、戦後の日本の言論界、論壇、教育界のゆがみだった。

戦争をあおった反省から、メディアや有識者の間では軍事や憲法の改正を論じることがタブー視され、保守政権だった自民党の外交・安全保障政策や内政にもゆがみが生じたと、麻生は考えた。米ソ冷戦が終結し、国際情勢が大きく変わった中で、日本の政治文化、社会風潮を変える時期に来ていると、麻生は唱えた。

「多くの日本人は、先の大戦を反省する意識が強くなりすぎて自虐的になり、日本の良さを誇ることを躊躇するようにもなった。保守のまっとうな主張が通るような政治、社会にしなければ、日本は永遠に戦後から抜け出せない」

麻生の持論は、麻生がかつて所属した宏池会の伝統とは、隔たりがあった。

酒量はそれなりに多く、ビールに氷を入れて飲むなど独特のこだわりを持つ麻生と、あまり酒を口にしない安倍。飲み方は違えど、宴席での「座持ち」の良さと同席者を魅了する話術は永田町でも一、二と言われた二人の話は弾み、何十年も前からの「盟友」であるかのように打ち解けた。

「自由と繁栄の弧」の裏側

第1次安倍政権で外相に起用された麻生は、7年後の第2次安倍政権の外交・安全保障政策の金看板となる「自由で開かれたインド太平洋」の原型となる外交方針「自由と繁栄の弧」を打ち出した。

国のトップや外交責任者が政策スピーチを通じ、耳目を引く分かりやすい名のついた外交・安全保障分野の大方針を示すという諸外国では当たり前だった手法を、日本で初めて本格的に導入したのは、安倍・麻生のコンビだった。

「自由と繁栄の弧」の原案づくりにかかわった当時の外務省幹部は、「対外的には『中国包囲網』とは言わない。だが、そう受け止められても構わないと考えていた」と打ち明ける。肝は、スピーチの中身以上に「誰がスピーチをしたのか」という点にあった。

実際、「自由で開かれたインド太平洋」も「自由と繁栄の弧」も、中国の関与を歓迎すると繰り返し言っている。ただし、「自由と民主主義、法の支配といった価値観」の共有を前提としている以上、共産党1党支配で権威主義的と言われる中国のまま、受け入れることはないというメッセージも明確ではあった。

どちらの政策理念も、安倍や麻生のアイデアというより、外務官僚が考えたものだ。そこに、二人が「食いついた」というのが真実に近い。安倍や麻生の政治信条を、外務官僚が巧みに利用したと見ることもできる。

「自由で開かれたインド太平洋」には、米国や欧州も関心を示し、政策として取り入れた。その意味では、戦後の日本外交では画期的な成果だったと言える。その分、周辺国の抱いた警戒感も強くなった面もあるが、政策方針を発表したのが「保守右派」「保守タカ派」のイメージをまとう安倍や麻生でなければ、周辺国の受け止め方は違っていたのかもしれない。

麻生が安倍を止めた

もっとも、ともに保守の復権を願いながら、安倍と麻生の考え方が100%一致していたわけではない。

第2次安倍政権以降は、麻生が副総理兼財務相として安倍を支える中で、経済財政政策をめぐっては、積極財政による経済成長を目指す安倍と、財務省の健全財政志向に理解を示す麻生との間で、しばしば意見が異なる場面もあった。

これに対し、外交・安全保障政策で二人の違いが浮き彫りになることは、まれだった。その中で、米国が安倍を「歴史修正主義者」と思い込むような事案で、麻生が安倍を懸命に止めたことがある。第1次安倍政権の時に起きた、米連邦下院による慰安婦問題に関する対日非難決議への対応だ。

慰安婦問題への日本政府の対応を非難し、謝罪を求める決議案が米連邦下院に提出されたのは、2007年1月31日のことだった。第1次安倍政権の発足から半年ほどが経過していた。提案者は、韓国系米国人を選挙区での有力支持層としていた民主党の日系米国人マイク・ホンダら7人。同種の決議案は前年も提出され、国際関係委員会で採択されたものの、本会議で採決されることはなかった。

米連邦議会では支持者の要望に応じて法的拘束力のない決議案が多数提案され、委員会レベルで可決されることは日常茶飯事だった。米メディアが熱心に取り上げることもなく、本会議で可決されても、法的拘束力は持たない。このため、日本政府は当初、例年のように決議案を「黙殺」する方針だった。

ところが、安倍や日本の保守系メディアが「過剰反応」した。安倍内閣の首相補佐官を務めていた世耕弘成が訪米し、連邦議員や主要メディアを訪ね、決議案の「事実誤認」や「不当性」を訴えて回ったことで、米国にとっては「どうでもいい決議」が、日本をけん制する政治的な材料になり得ると認識された。もはや、日韓対立の種を静かにやり過ごし、米国を巻き込まないようにするやり方は、成り立たなくなった。

日本メディアの反応や、安倍、世耕の動きには、ナショナリズムや敗戦国としていつまでも肩身の狭い思いをさせられる国際関係への反発といった、それ以前は抑え込まれていた感情が日本社会で漏れ出し始めていたことを示唆していた。

慰安婦問題のさらなる影響

第1次安倍政権発足後の安倍周辺の動きも、慰安婦問題を日韓関係の枠を超えた国際問題にする伏線となった。

安倍側近の官房副長官・下村博文は2006年10月に行った講演で、旧日本軍が韓国人女性を慰安婦として募集した過程で強制性があったと認めた1993年の河野洋平官房長官談話の見直しを唱えた。安倍も、官房長官の塩崎恭久も、「政権として河野談話を踏襲する」との立場を繰り返し表明していたのに、下村の発言によって首相官邸内の不一致が浮き彫りになった。安倍の盟友で自民党政調会長を務めていた中川昭一も、河野談話の見直しが必要だとの考えを示した。

米国は慰安婦問題を「人権問題」と位置づけていたため、小泉純一郎政権との間で「日米蜜月関係」を築いていた第43代ジョージ・W・ブッシュ政権内でも、安倍側近や自民党の動きに対する懸念と不満が募っていた。

安倍自身も、河野談話を踏襲する立場にありながら、2007年3月5日の参議院予算委員会で米連邦下院の決議案提出について問われると、「決議があったから、我々が謝罪するということはない。決議案は、客観的な事実に基づいていない」と答弁している。

安倍の答弁を知ったブッシュ政権の知日派は、落胆を隠せなかった。

ブッシュ政権で米国家安全保障会議上級アジア部長を務めたマイケル・グリーンも、国務副長官を務めたリチャード・アーミテージも「この件では安倍を守れない」との考えを、外務省幹部や麻生に伝えた。

3月6日付の米紙ニューヨーク・タイムズは、慰安婦問題に関する安倍の対応について「日本の傷ついた国際的名声の回復より、自民党内の右翼的な派閥にアピールすることに関心があるようだ」と批判する社説を掲載した。国際的に影響力のある米メディアが、安倍を保守主義者ではなく右翼であるかのように伝えたことは、中国や韓国ばかりでなく、欧米諸国にも日本の政治が右傾化を始めていると思わせる効果があった。

「ブッシュから見限られる」

記事を読んだ官房長官の塩崎は、ただちに反論文を作成し、ニューヨーク・タイムズ紙に送りつける準備を整えた。安倍政権が人権をないがしろにしているというイメージが、国際社会に広がることを警戒したのだ。そもそも河野談話が間違っていたから世界が誤解するのだという安倍の思いを受け、河野談話の見直しに着手する方針を表明することさえ、検討していた。この首相官邸の動きを止めたのは、麻生だった。

塩崎が、反論文の公表の是非や河野談話の見直しについて麻生の考えを聞くと、麻生は言下に「アメリカ下院決議など無視しろ」と言い放った。

「benign neglect（善悪の無視＝政治や外交などでの不都合に傍観を決め込むこと）という言葉があるだろう。反論するから、また騒ぐ。黙殺しろ」

河野談話の見直しに関しては、それが安倍の本心と知りながらも、麻生は「河野は今、衆議院議長だ。そんなことをしたら、河野の性格からして本会議の開会ベルを押さなくなる。国会が止まるぞ」と脅した。

グリーンからブッシュ政権の雰囲気を聞いていた麻生は、首相官邸が外交戦略ではなく、安倍の感情で動いていると見て、「小泉政権で築いた日米蜜月関係が水泡に帰す」と危機感を抱いた。安倍が3月11日にNHKの報道番組に出演する予定であることを知った麻生はその前夜、安倍に電話をかけた。

「4月に訪米するんだろう。その前にこの問題を静かにしてから行かないと、ブッシュから見限られる」

麻生の説得に、安倍は折れた。翌日のNHKの番組で安倍は慰安婦問題に触れ、「心の傷を負い、大変な苦労をされた方々に心からおわびを申し上げている。小泉首相も橋本（龍太郎）首相も、元慰安婦の方々に手紙を出している。その気持ちは、私も全く変わらない」と語った。

手紙は、財団法人「女性のためのアジア平和国民基金」が「償い金」を元慰安婦に支給する際、橋本以降の歴代首相が添えたものだ。手紙には「当時の軍の関与の下に、多数の女性の名誉と尊厳を深く傷つけた問題」「数多の苦痛を経験され、心身にわたり癒しがたい傷を負われたすべての方々に、心からおわびと反省の気持ちを申し上げます」と記されている。安倍は手紙に言及することで、自らの思いを封印して河野談話を踏襲する立場を示し、米政府や米メディアの批判を少しでも鎮めようとした。

安倍は4月の訪米直前に米『ニューズウィーク』誌のインタビューにも応じ、「20世紀は人権が世界各地で侵害された世紀で、日本にもその責任があり、例外ではない」と述べ、慰安婦問題を人権問題と位置づけ、日本の責任を明確に認めた。自分の信念、理念をやみくもに押し通すだけでは国を率いることはできないことを、安倍は学んだのだった。

戦略より感情

ところで、慰安婦問題に対する安倍の姿勢を「傷ついた国際的名声の回復より、自民党内の右翼的な派閥へのアピール」と断じたニューヨーク・タイムズ紙の見方は、フェアだったのだろうか。

当時の安倍が「保守右派」の政治理念を色濃く打ち出したのは、岩盤支持層へのアピールでも、党内の「保守右派」への迎合でもなく、安倍の政治信条そのものに基づくものだったという意味では、安倍が便宜的に「保守右派」を演じていると言わんばかりの記述は、正確性を欠く。

もちろん、第1次政権が短命に終わったのは、政権が安定軌道に乗る前から憲法改正や歴史認識問題での発信を繰り返し、野党や自民党内の「リベラル派」から無用な反発を招いたことが一因だったことも間違いない。

河野談話の見直しをめぐって、安倍周辺で既に政界を引退していた河野を国会に呼び出し、見解を述べさせるというアイデアが浮上したこともある。当時の衆議院予算委員長だった自民党の二階俊博が「議長経験者を招致することなど、あり得ない」と却下しなければ、国際社会の安倍に対する視線は、さらに厳しくなっていたかもしれない。

そのあたりに、安倍やその周辺が、戦略よりも感情的な対応を優先させたミスがあったと見ることができる。そうだとしても、安倍の戦略の欠如を誇張し、日本全体が「右傾化」しているかのように報じる傾向は、中国や韓国のメディアのみならず、欧米メディアにも広がっていった。

政治家の発信が冷静さを欠けば、たとえ正しい主張であっても曲解の余地を与える。発信のタイミングを誤れば、耳を傾けてくれる相手の数は減る。安倍と麻生の「二人で10年」の誓いはほぼ実現されたのに、国際社会には「保守政治の復権」ではなく「日本の右傾化」と映った原因は、安倍と麻生の通弊、とりわけ安倍に強く出る傾向のあった感情抑制とタイミングのまずさに見てとることができる。

第3章 保守右派とリベラル派

ここで、これまで明確な定義を示していなかった「保守右派」や「リベラル派」について、外国の例も見ながら、立ち止まって考えてみたい。

欧米の「右派」の現実

政治理念としての「保守右派」と「リベラル派」の分類や、ある国で右傾化が起きているか否かの判断は、単純ではない。

米国では、共和党を保守、民主党をリベラルと分類するのが一般的だが、それぞれの政党の中でも色が違っていて、「保守右派」「保守中道」「中道リベラル」「リベラル左派」と幅がある。2000年代以降、共和党と民主党のイデオロギー的な溝が広がるとともに、それぞれの党内で「右派VS中道」「左派VS中道」の衝突が起きるようになった。

2016年大統領選で共和党候補のドナルド・トランプが当選すると、共和党の中はトランプ支持者の右傾化を嘆く穏健な「保守中道」勢力が影響力を失っていった。民主党では若い世代を中心に、社会主義的な政策を掲げるバーニー・サンダースを支持する「急進左派」が力をつけ、2020年大統領選でトランプに勝って大統領となったジョー・バイデンら穏健な「中道リベラル」は、政策立案にあたり、「急進左派」への配慮が欠かせなくなった。

保守、リベラル、右傾化、左傾化は、いずれも国によって定義も背景も違う。にもかかわらず、国際的に右傾化がネガティブな響きをもって受け取られるのは、右傾化の核心ともいえるナショナリズム（愛国主義）が、ショービニズム（好戦的愛国主義的）の傾向を伴って対外政策での強硬路線になると考えられるからだ。

欧州では主に移民の増加がもたらした治安や雇用への不安から極右政党が伸長する現象が相次ぎ、極右の台頭は南米にも広がった。

２０２２年、スウェーデンでは極右のスウェーデン民主党（ＳＤ）が総選挙で20・5％の票を獲得、議会第2党に躍進した。１９８８年にネオナチ関係者が参加して結成されたＳＤは、当初の「人種差別と暴力」のイメージからの脱却を徐々に進め、国政に足場を築いていく一方、「平和な福祉国家はイスラム系移民で破壊された」と主張してはばからなかった。２０２２年総選挙では、ＳＤの街頭集会に「人種差別主義者は要らない」とＳＤを批判する人々も集まり、「自分の国へ帰れ」というプラカードを掲げたＳＤ支持者とにらみあうと、一触即発の空気を押し潰すように、ＳＤ支持の黒シャツを着た屈強なミュージシャンが大音量で音楽を演奏して場を圧倒する様子も報じられた。ＳＤは総選挙後、閣外協力で右派連立政権を支え、国政での影響力を強めていった。

イタリアでは極右政党の同盟などと組んだ右派・イタリアの同胞の党首ジョルジャ・メローニを首相とする連立政権が、翌２０２３年になるとフィンランドで極右のフィン人党が参画する連立政権が、それぞれ発足した。移民に寛容だったオランダでも、2023年11月の下院選で、ロシアによる侵略を受けたウクライナへの支援に慎重な極右政党の自由党が第1党になった。差別扇動の罪で有罪になった経歴を持ち、金色に染めた髪をオールバックにして扇動的な発言を繰り返した自由党党首のヘルト・ウィルダースは「オランダのトランプ」とも呼ばれた。

南米では、2023年のアルゼンチン大統領選で、既存政党に属さない極右のハビエル・ミレイが当選、世界に衝撃を与えた。

欧米で存在感を高めた極右政党に共通する政策は移民排斥だが、実際に有権者の支持を受けた経済対策、内政政策は、それぞれの国によって異なる。従って、移民排斥が最大の争点だったわけではないものの、移民排斥を掲げることが、有権者の支持を得るうえで阻害要因にならなかったことは確かだ。

ウクライナ支援にしても、当初は後ろ向きの主張をしていたイタリアのメローニ政権が、北大西洋条約機構(NATO)の一員として堅実な取り組みを見せている。

極右勢力が政権入りしたからといって、その国全体が右傾化していると即断すると、実態を見誤る。

右傾化度を測る指標

日本でも、ある政党や政治家が右傾化しているかどうかの分類には、いくつかの指標が必要

政治家が「右傾化」しているかどうかの指標（「保守派」を自任する議員Aの場合）

			賛成（○）	反対（×）
①	歴史観	首相は靖国神社を参拝すべきだ	○	
②		皇位継承は男系に限り、女系天皇は認めない	○	
③		慰安婦問題は捏造だと思う	○	
④		太平洋戦争はアジア諸国解放のための戦いだった	○	
⑤		日本の伝統的価値観を堅持することが大切だ	○	
⑥	社会観	LGBT 理解増進法を認めない		×
⑦		原子力発電所の新設や再稼働を進めるべきだ	○	
⑧		子育ては家庭で行い、その担い手は妻である		×
⑨		選択的夫婦別姓は導入すべきではない		×
⑩		同性婚は認めない	○	
⑪	国家観	移民は受け入れない	○	
⑫		中国・韓国との関係では友好より警戒を優先	○	
⑬		防衛力は増強すべきである	○	
⑭		日米同盟は強化すべきである	○	
⑮		財政規律よりも景気刺激を優先すべきだ		×
⑯		憲法は改正すべきだ	○	
⑰		社会保障政策は低負担で最小限が望ましい		×
			12	5

だ。

例えば、天皇制のあり方を含めた歴史観、社会観、外交を含む国家観の3分野17項目について、政治家や政党の主張を○（賛成）か×（反対）かで仕分けていくと、右傾化のイメージがより鮮明になる＝表＝。○が多ければ多いほど、右傾化の印象が際だち、逆に、ほぼ全てが×だと、左傾化の印象が強まるからで、「右」と「左」のグラディエーションも分かる。

歴史観は5項目で、①首相の靖国神社参拝②女系天皇の否定③慰安婦問題は捏造④太平洋戦争はアジア諸国解放のための戦い⑤伝統的価値観の堅持――の賛否をチェックする。

社会観も5項目で、⑥LGBT理解

増進法の否定⑦原子力発電所の新設や再稼働⑧子育ては家庭で行い、担い手は妻である⑨夫婦別姓の否定⑩同性婚の否定――という立場についての考え方を見ていく。

最後に国家観は、⑪移民受け入れの否定⑫中国・韓国には友好より警戒⑬防衛力の増強⑭日米同盟の強化⑮財政規律より財政出動による景気の刺激を優先⑯憲法改正⑰社会保障政策は低負担で最小限――の7項目についての態度を対比する。

ただし、賛否の内実は、それほど単純ではないことへの留意は必要だ。

例えば⑬の防衛力の増強に賛成する立場でも、防衛費の増額などで自衛隊を強化すれば米軍への依存度が下がり、いずれは日米地位協定の見直しにもつながるという発想と、日米の役割分担の中で米軍の負担を軽減し、より持続可能な日米同盟関係を築くという発想とでは、実現のためのハードルが違ってくる。

そうした矛盾、違いを捨象して、あえて単純な二項対立にしていることへの注意を持ちながら、近年の自民党政権で影響力を増している「保守右派」とされる政治家の主張を見ていくと、17項目のほとんどで◯である。目安として、15項目以上の◯がつけば「保守右派」と言っていいだろう。とはいえ、表に例示した「保守派を自任する自民党議員A」の立ち位置を見ると、◯が12で×が5だから、「保守右派」とは言えないようにも見えるが、ある時期までは「ゴリゴリの保守右派」と評されていたことがある。15項目以上の◯がなければ「保守右派」に分類できないというわけでもない。

逆に、⑰の「社会保障政策は低負担で最小限が望ましい」に関しては、保守派は「小さな政府」の立場をとるという既成概念に従えば、「保守右派」は○をつけると予想したくなる。ところが、多くの「保守右派」と見られる政治家の主張は、×になる。例えば、イデオロギーでは「自民党よりも右」にあると考えられている日本維新の会が掲げる「ベーシックインカム」（最低生活保障＝全ての個人が無条件で一定の金額を定期的に受け取る権利を持つ制度）導入の主張は、どちらかといえば「リベラル左派」との親和性が高い政策だ。

要は、社会保障政策に関する態度は、保守かリベラルかに関わりなく「高福祉・低負担」を指向しがちであるということだ。消費税率引き上げなどにより欧州型の「高福祉・高負担」を実現すべきだという声は、どちらの側でも細く、弱い。経済的な格差が拡大するにつれ、低所得層に対する経済面でのセーフティーネット（安全網）の充実の必要性が叫ばれるようになり、方向性では保守、リベラルの間に違いはない。そこに介在しているのは、イデオロギーではなく、大衆迎合型のポピュリズムであるからだ。

個々の政策で「右」寄りに行くか「左」に立つのかは、時の社会情勢や、極端にいえば国政選挙での議席獲得をめぐり、「攻める」側の野党であるのか、「守る側」の与党であるかによっても変わってくる。

その意味で、表で示した17項目の賛否で政治家の「右傾化」の度合いを測っても、それはあくまでも目安であって、常に揺れ動く可能性があることは踏まえておく必要がある。

これに対し、「リベラル派」と言われる政治家や政党の主張をあてはめていくと、◯はゼロから数項目にとどまる。保守政党を自任する自民党の中にもリベラルから中道まで考え方には濃淡があり、自民党の右傾化とは「保守右派」が数的優位を保っている状態だと考えることができる。

ここから見えてくるのは、「日本の右傾化」と「与党・自民党の右傾化」は、同一の事象ではないということだ。「保守右派」が多数を占める自民党の政策や主張が通るようになることは、必ずしも「保守右派」が永田町で数的優位を保っていることを意味していないし、ましてや、社会全体で「保守右派」が数的優位を持っていると結論づけることはできない。

保守とリベラルの違いも、17項目の個々の政策に対する賛否だけを取り出して◯なら保守、×ならリベラルと切り分けるのではなく、いくつかの項目を見たうえで判断した方が適当だろう。

政治学者の宇野重規は保守とリベラルの定義に関し、『『保守』において前提とされるのは伝統の継続性・連続性」であり、『『リベラル』にとって一つの試金石となるのは、社会における多様な考え方や価値観の存在を認め、それを包摂できるかどうか」だとしている。そのうえで「政治家ばかりがいて思想家に乏しい『保守』に対し、傑出した思想家はいても政治勢力としては弱い『リベラル』ということになり、そこに非対称を見いだすことも可能である」と指摘している（宇野著『日本の保守とリベラル　思考の座標軸を立て直す』中公選書）。

保守対リベラルの対抗図式は、かつての「右（保守）」と「左（革新）」の対立の「看板だけを替えたもの」ではなく、「『右』と『左』で政治を見る枠組みは、急速のその自明性を失いつつある」ともいう（同書）。

本書では、宇野の指摘なども参考にしながら、政治家や政治勢力を保守とリベラルに分類している。自明性を失ったとされる「右」「左」も、右傾化、左傾化という言葉に加え、保守派の中でより極端な主張を「右寄り」、リベラル派の中でより極端な主張を「左寄り」と表現するために使っている。

安全保障に関する分類では、中国との関係もキーワードになる。防衛力の強化を重視し、中国に対する警戒感が強い政治勢力を「タカ派」、防衛力の強化は抑制的に行い、中国との友好を重視する立場を「ハト派」と分けている。

日頃、漠然と考えられている「右」「左」のイメージと本書で使う「右」と「左」の定義に大きな齟齬はないが、細部に分け入れば分け入るほど、違って見えてくる面がある。現実の政治勢力として日本では影響力が限定的な「極右」や「極左」にはほとんど触れていない。1980年代あたりまでは人口に膾炙した「革新」という言葉も、在日米軍基地の集中する沖縄県では今も健在ながら、1990年の政治改革以降の日本の政治を主な対象にしている本書では「リベラル左派」「急進左派」といった言葉に包摂される立場として、ことさら強調していない。

小泉と安倍の共通点

自民党の主流派が「保守右派」に移ったのは、清和政策研究会のトップだった森喜朗が首相に就いた2000年以降で、その後、清和政策研究会出身で5年の長期政権を担った小泉、再チャレンジを経て計9年の最長政権を築いた安倍の登場で、「保守右派」の優位は固まった。

この間、同じ「保守タカ派」「保守右派」の多い派閥に所属しながら、政治家としてのたたずまいでも政治信条でも距離のあった小泉と安倍の手法には、共通点があった。少ない票で多数の議席を得ることが可能な衆議院選の小選挙区制の特徴を理解し、「保守右派」に迎合する政策や言動で岩盤支持層を固め、「最小限の得票で最大限の議席を得る」という〝マジック〟を得意としたことだ。

実際、小泉と安倍の内閣支持率は、政権を維持するうえでは「危険水域」とも言われる30%を割ったことは、一度もなかった。とくに第2次政権以降の安倍の場合、野党が多党化していたことで、「政権に対する3割の支持を維持できれば、公明党・創価学会の票でゲタをはかせてもらえるから、与党が過半数を割り込むことはない」(自民党幹部)という計算が成り立った。その3割の大多数を占めるのが、岩盤支持層だ。

読売新聞の世論調査で小泉内閣の支持率が初めて4割を切ったのは2004年7月のことで、35・7%まで急落した。この時の有権者の不満の多くは、国民年金の保険料引き上げと給付水準引き下げをそれぞれの上限と下限を定めて断行した年金改革と、イラクでの多国籍軍の人道支援活動や後方支援に自衛隊を派遣したことに向けられていた。社会保障と安全保障という大きなテーマに有権者が批判の目を向けても、小泉内閣の支持率がここで下げ止まったのは、岩盤支持層が不動だったからだ。

安倍の場合、内閣支持率が最も低かったのは2017年7月で、その前の調査から13ポイントも下落して36%まで落ち込んだ。2015年に集団的自衛権の行使に関する憲法解釈の変更を踏まえた安全保障関連法が成立した時には、回答者の7割以上が「説明が不十分」という不満を示しながら内閣支持率は41%で踏みとどまっていただけに、首相官邸のショックは大きかった。

急落の大きな要因は、安倍の友人が理事長を務めていた学校法人「加計学園」の獣医学部新設をめぐって首相官邸が便宜供与をしたのではないかという疑惑に対し、「安倍が十分な説明をしていない」とする不信感だった。それでも内閣支持率が3割を切らなかったことで、安倍は2017年9月、抜き打ちで衆議院解散総選挙に踏み切った。

ただ、「野党多弱」状態を前提にした政権延命戦略としての解散だったため、東京都知事の小池百合子を旗手とする希望の党が結成され、野党第1党だった民進党代表の前原誠司が合流を表明し、「多弱」が解消されるかに見えた瞬間は、永田町やメディアでは「政権交代の可能性」が真剣に論じられた。安倍周辺も「しくじったと思った」と振り返っている。

結局、小池が民進党の「リベラル左派」勢力を排除する考えを示したことで、これに反発した元官房長官の枝野幸男が立憲民主党を結成、野党の票が割れるという「敵失」の結果、自民党の岩盤支持層は従前通りの威力を発揮し、安倍の地位は安泰だった。

2018年4月にも安倍内閣の支持率は39％に下落し、不支持率が第2次安倍内閣の発足以降で最も高い53％まで上昇した。学校法人「森友学園」への国有地売却に安倍や安倍周辺の関与があったとする疑惑や加計学園の問題、いわゆる「モリカケ問題」をめぐり、事実解明に欠かせない公文書が廃棄されていたことが国民の中で大きな不信感となり、尾を引いていたことが理由の一つだったが、岩盤支持層は安倍を見捨てなかった。その後、首相の主催で東京・新宿の新宿御苑で毎年開かれていた「桜を見る会」をめぐり、安倍の後援会が開いた前夜祭の会費の一部を安倍事務所が補塡していたことが明らかになったほか、「桜を見る会」の招待者や運用をめぐる批判が吹き荒れた時も、内閣支持率が3割を切らなかったという意味で、自民党の岩盤支持層が動揺した形跡はない。

「保守右派」と「リベラル派」が同居する自民党にあって、近年は「保守右派」が主流となっている理由や、リベラル色がにじむ岸田文雄政権も「保守右派」への配慮が欠かせなくなっている背景の一つとして、1994年に導入された衆議院小選挙区比例代表並立制の「死に票」の多さと漸減する投票率によって、相対的に力を増した自民党の岩盤支持層の存在が挙げられる。この点を考慮しないと、日本の右傾化の実態を見誤る。

第4章 靖国神社参拝

日本の「右傾化」を懸念する声が国内外で強まり始めたのは、小泉純一郎政権の時だった。小泉が毎年繰り返した靖国神社への参拝と、小泉のパフォーマンスが若い世代に歴史認識とは無関係の「ファッション」としての靖国神社参拝をもたらし、首相と若者の行動がアジア諸国で「先の大戦で旧日本軍がしたことを美化している」と受け止められたことが大きな理由だ。

さらに、多くの日本国民の間でナショナリズム（愛国主義）が強く意識されるようになったきっかけも、小泉による日本の首相として初めての北朝鮮訪問だった。日本人が他国に拉致されていた事実が確認され、主権が侵害されていたことへの憤りが広がったからだ。

第4章ではまず、首相の靖国神社参拝をめぐる1990年代以降の動きを振り返り、次の第5章で、小泉の電撃的な北朝鮮訪問がもたらした現象を検証していくことにする。

突出したパフォーマンス力

「小泉君はこれまで、靖国神社に行ってなかったよな」

元首相の宮沢喜一があきれ顔でつぶやいたのは、2001年8月13日、首相就任後の最初の夏を迎えた小泉が、東京・九段北の靖国神社を参拝する様子をテレビ番組で見た時のことだ。

現職首相の靖国神社参拝は、1997年7月の橋本龍太郎以来だった。従兄を戦争で失った橋本は、靖国神社参拝に強い思い入れがあった。ただ、政局や外交への影響を避ける配慮は忘れず、橋本の首相在任中の靖国神社参拝は、注目が集まる終戦記念日の8月15日を避け、ひそかに行われた。

事後に橋本が靖国神社を参拝した事実が報道で明らかになると、橋本はこれを認めたうえで、「7月は僕の誕生月だから」と参拝時期について説明した。あえて終戦記念日の参拝を避けた理由に深入りしなかったのは、終戦記念日の参拝を求めている「保守右派」の反感を買うことを避ける狙いもあった。

対照的に、小泉の参拝はあけっぴろげ、得意の「劇場型」だった。

前任の森喜朗の首相辞任表明に伴う2001年4月の自民党総裁選で、小泉は「8月15日に靖国神社を参拝する」と公約した。同じ総裁選で再登板を目指した橋本から「保守右派」の票を引きはがす狙いだった。橋本のような靖国神社参拝に対する個人的な思い入れが、小泉にあったわけではない。しかし、歴代の総理・総裁は、靖国神社への参拝については「適切に対処する」と答えるのが常だっただけに、小泉のパフォーマンスは突出していた。小泉が総裁選で圧勝し、終戦記念日の8月15日が近づくと、「中曽根政権以来となる終戦記念日の首相の公式参拝は行われるのか」などと、報道はいや応なく過熱していった。

小泉が自民、公明、保守新の与党3党の幹部と参拝の是非をめぐって表舞台での議論を始めると、テレビも新聞も、この問題で埋め尽くされた。野党や、参拝に反対する組織・団体、駐日韓国大使らが次々と首相官邸を訪れ、「参拝反対」を申し入れる様子も、格好の素材をテレビや新聞に提供することになった。報道番組からワイドショーまで、テレビはこの問題一色になり、小泉によるメディアジャックのような状態が生まれた。

賛否両論が渦巻く中で小泉に知恵を授けようとしたのが、1990年代に小泉と共に自民党の「竹下派支配」に反旗を翻し、「YKKトリオ」を名乗った元党幹事長の加藤紘一と元党政調会長の山崎拓だった。加藤と山崎は、それぞれの人脈から得た感触をもとに「参拝を終戦記念日からずらせば、中国や韓国の反発もある程度は抑制的になる」と小泉に助言した。

靖国神社の意思決定機関である「総代」のメンバーで、宏池会（当時は元通産相の堀内光雄を会長とする堀内派）の中核だった元自民党幹事長・古賀誠も「8月15日前後もお盆の期間だから、終戦記念日を避けた参拝でも祈りは伝わる」「神道の2礼2拍手1拝の参拝形式をとらなくても、日本遺族会としてはこだわらない」といった考えを小泉に伝えた。古賀は翌2002年から2012年まで戦没者遺族の全国組織である日本遺族会の会長を務めたように、靖国神社をめぐる議論に、大きな影響力を持つ政治家だった。

大騒動の末、小泉は衆人環視の中、終戦記念日よりも2日早い8月13日に靖国神社参拝を決行した。しかし、加藤や山崎の見立てとは裏腹に、中国、韓国は激しく反発した。

問題化された端緒

宮沢は、政治理念、信仰心、歴史観のいずれも深く考えているようには見えなかった小泉の靖国神社参拝にあきれながらも、「保守右派」の不興を買うと政権運営が難しくなる自民党総裁ならではの苦労も、よく理解していた。

公式記録上、宮沢は首相在任中に靖国神社を「公式参拝」も「私的参拝」もしていない。それを責められた宮沢が、「ステルス参拝」とでも呼ぶべき方法で参拝していると弁明し、「保守右派」をなだめようとしたことがある。

多くの閣僚ポストを経験した宮沢は、閣僚在任中に何度も靖国神社を参拝していた。ただ、首相に就任したタイミングで宮沢が直面したのは、天皇の中国訪問という積年の難題だった。

そもそも、天皇や首相が靖国神社を参拝できなくなった直接の理由は、1978年10月の同神社の秋季例大祭に合わせ、当時の宮司だった松平永芳が行った極東軍事裁判でA級戦犯とされた14人の合祀だった。政府にも皇室にも知らされず、秘密裏に行われたA級戦犯の合祀は、翌年の報道で明らかになった。近隣諸国との関係を懸念してA級戦犯の合祀を取り消すよう求める声に、靖国神社側は「教義上、分祀は不可能」という立場を繰り返した。以降、天皇の靖国神社参拝は行われなくなり、歴代首相も参拝を見送るようになった。

1985年の終戦記念日に、当時の首相・中曽根康弘が行った「公式参拝」に対しては、中国や韓国がA級戦犯を美化するものだとして猛反発した。これを受けて、中曽根政権と宮沢政権の間に首相を務めた竹下登、宇野宗佑、海部俊樹の3人は公的、私的ともに靖国神社参拝を見送った。宮沢も結果として、前任の3首相に倣ったのだが、その判断は、宮沢政権下の1992年10月に戦後初の天皇の中国訪問が行われるに至る過程で、より複雑かつ困難になっていった。

宮沢自身は、この段階での天皇の訪中には慎重な考えだった。これに対して積極的だったのは外務省で、当時の中国大使だった橋本恕が日本の報道機関に対し、半ば恫喝するように天皇訪中を是認する論調を展開するよう強く求めていたことが、後年に公開された外交文書で明らかになっている。宮沢は外務省の姿勢に圧されるように、天皇訪中の具体的検討に着手した。

問題は、当時の自民党の「保守右派」が「天皇や首相が靖国神社に参拝できなくなったのは、中国や韓国が反発するからだ。天皇訪中は、そんな中国の態度を是認するに等しい」と、靖国神社参拝と絡めた批判をしていたことだった。「天皇が訪中するなら、宮沢首相が靖国神社に公式参拝してからだ」といった声もあがった。そんな突き上げを受け、宮沢は1992年8月9日、長崎原爆犠牲者慰霊平和祈念式典に参列した際、記者団に「適当な時期に私的な立場で英霊に追悼の気持ちを表したい」と参拝を公約してしまった。

日本遺族会の存在

その約2週間後の8月25日、宮沢内閣は天皇の訪中を正式に決め、天皇は10月23日〜28日に中国を訪問した。しかし、宮沢はなかなか靖国神社に参拝しようとしない。収まらなかったのは、最強硬の「保守右派」ばかりではなかった。

宮沢の出身派閥である宏池会（当時は宮沢派）所属の参議院議員・板垣正も「あなたは首相在任中に靖国神社を参拝すると言ったはずだ。いったい、いつ行くつもりなのか」と宮沢に詰め寄った。

板垣は、A級戦犯として処刑された元陸軍大将・板垣征四郎の二男で、参議院議員に当選する前は日本遺族会の事務局長を務めていた。

宮沢は「靖国神社の近くを通る度に、欠かさずにお祈りしている」と釈明した。首相は、パトカーに先導されたSP（警護官）らの乗った数台の車列で移動する。宮沢は、靖国神社の前を通る度に車列のスピードを落とすよう指示し、少しだけ車の窓を開け、目を閉じ、無言で祈っているのだと説明した。昇殿するどころか、車から降りることもなかったものの、「ただ静かに、戊辰戦争以降、国のために命を落とした人々の霊に祈りを捧げていた」と語り、「首相在任中は、外交上の配慮を優先せざるを得ない」と板垣に理解を求めた。

この話を板垣が自民党内で広めてくれれば、「保守右派」の反発も少しは和らぐかもしれない――そんな期待感もあったのだろう。

当時、板垣の支持基盤である日本遺族会の政治的影響力はまだ、自民党執行部にとって無視できないほど大きかった。1947年に日本遺族厚生連盟としてスタートした日本遺族会は、その活動に理解を示す政治家を応援し、国会に送り出してきた。先の大戦で従軍し、亡くなった人々の家族、親戚の数は終戦直後をピークに、結成から20年後の1967年時点で会員数（世帯数）約125万世帯、日本遺族会のもとに置かれた日本遺族政治連盟の選挙での集票力は、他の圧力団体と比べて遜色がなかった。

参議院選の比例選では「組織内候補」として日本遺族会の会長や会長経験者を擁立して国会に送り込み、衆議院、参議院の選挙区選でも、日本遺族会の活動に理解を示す政治家を応援した。厚相などを歴任した橋本龍伍、その子で首相を務めた橋本龍太郎、そして古賀らが代表的な存在だ。3年ごとに半数が改選となる参議院選では、2010年頃まで組織内候補を当選させる力が残っていて、常時2人の「組織内議員」を参議院に抱える状態を維持した。板垣も組織内議員の1人だった。

「気づけば左に立っていた」

不思議なことに、戦死者の遺族の数が年々減ることもあって、靖国神社への参拝を求める日本遺族会の声は1990年代の宮沢政権や橋本政権の時の方が2000年代以降よりずっと大きかったのに、「日本の右傾化」を懸念する諸外国の声は、2000年代以降に高まっている。日本遺族会の会員数は、2019年には約57万世帯まで減り、2013年参議院選と2019年参議院選では組織内候補の擁立も見送られた。2022年参議院選の比例選で再選を狙った日本遺族会会長の水落敏栄が落選すると、参議院での組織内議員はゼロになった。3期18年を務め、知名度と実績があったはずの水落の比例選での個人名得票数は8万2920票と、1980年参議院選の全国区（比例選の前身となった制度）に新人として出馬して当選した板垣が獲得した92万7421票の10分の1以下にまで落ち込んでいた。

それでも日本遺族会の集票力が重視されたのは、2000年代以降の国政選挙では投票率の低迷が続き、組織票の威力が相対的に高まったからだ。とりわけ、わずか数百票の差で当落が分かれることもある選挙区での戦いでは、日本遺族会の集票力は貴重だった。

参議院の比例選で独自の組織内候補を当選させられなくなると、日本遺族会は他の自民党候補に票を回すことで影響力の維持を図ってきた。例えば2019年参議院選の比例選では、日本遺族政治連盟が支援を決めた橋本聖子、佐藤正久、有村治子、衛藤晟一、佐藤信秋の5候補全員が、他の有力団体からの支持も受けて当選を果たしている。

もっとも、日本遺族会の主張そのものは、首相の靖国神社参拝を求めていることを除けば、右傾化に直結しているわけではない。この点、日本遺族政治連盟の組織内候補として参議院選の比例選で4回当選した元日本遺族会会長の尾辻秀久が、自身の来歴を振り返ったインタビューの中で印象的な発言をしている。

尾辻は自民党の内規である「比例代表候補は73歳定年」に従い、2013年参議院選からは出身地の鹿児島選挙区に戦いの場を移し、2回連続の勝利を収めて当選回数は計6回になった。厚生労働相も務めた尾辻は、日本遺族会の声を国政に反映させるために奔走し、終戦記念日や靖国神社の例大祭には、「みんなで靖国神社に参拝する国会議員の会」の会長として昇殿参拝の先頭を歩く。２０２２年からは参議院議長を務めている。

そんな尾辻が月刊誌『中央公論』の２０２２年10月号で、自身のイデオロギー的な立ち位置について、「右寄りの中道」を自任してきたのに、第２次安倍晋三政権ができた２０１２年以降は政界の軸が「右にずれた」ため、「気づけば左に立っていた」と複雑な心情を吐露しているのだ。靖国神社に参拝するのは「右」で、反対するのは「左」というステレオタイプな分類に対する違和感だった。

日本遺族会は戦没者の孫の代も会員にすることで存続を図るが、かつて自民党の有力な支持団体だった旧日本軍の元軍人らによる軍恩連盟全国連合会が２００９年に会員減で解散したのと同じ道をたどる可能性も取り沙汰されている。「首相や天皇陛下に靖国神社を参拝してもらいたい」という日本遺族会の声が先細りしているのに、「先の大戦は侵略戦争ではなかった」と考える「靖国史観」の発信は大きくなっている。「日本の右傾化」と受け止められる靖国神社参拝を後押しする力の源は、日本遺族会から別の場所に移っている。

その力の移転を可能にしたのは、ファッション、トレンドとしての靖国神社参拝をもたらした小泉、「保守右派」のイコンにもなった安倍の長期政権、そしてＳＮＳなどの情報通信技術の登場の３つの要素だった。

参拝の「トレンド」化

小泉の「劇場型」の靖国神社参拝は、靖国神社参拝を「ファッション」にした側面がある。もちろん、小泉自身に靖国神社参拝を「ファッション」化する意図があったわけではない。天皇訪中後の宮沢改造内閣で郵政相を務めた小泉は、靖国神社参拝を約束しながら実行できない宮沢の姿を閣内で間近に見ていた。自民党の実力者だった小沢一郎らが新たな保守政党として結成した新生党が、宮沢の靖国神社参拝をめぐる態度を含め、自民党に対する不満を抱いていた保守票の受け皿として支持を広げていった様子も、鮮明に記憶していた。小泉にとっての靖国神社参拝は、自民党の岩盤支持層を構成する「保守右派」の機嫌をとる意味合いが強かった。

最終的に小泉は、2006年9月の自民党総裁としての任期満了とともに首相を退陣する路線を敷いたうえで、この年の8月15日、現職首相としては中曽根以来の終戦記念日の靖国神社参拝を行った。

小泉が現職の首相として繰り返し靖国神社を参拝することに関しては、自民党内にも「自民党の右派色が強くなりすぎ、国民の支持が離れていく」といった懸念もあった。ところが、実際に起きたのは、靖国神社を訪れる一般の人が増える現象だった。

小泉が靖国神社を参拝するようになる前は、終戦記念日に靖国神社を参拝する人の数は「数万人」にとどまっていた。それが、小泉の初参拝から3年後の2004年には約10万人に膨らみ、2005年には20万人を超え、小泉が「終戦記念日の参拝」という公約を果たした2006年には25万8000人に達した。

毎年、終戦記念日に靖国神社への参拝を続けていた元自民党職員は「小泉政権の時に大挙して靖国神社を訪れた人たちは、イデオロギーに基づいて行動していたわけではない」と見る。小泉が毎年参拝することで、靖国神社の「観光スポット」としての存在感が高まり、「終戦記念日に靖国神社を訪れることがトレンドと受け止められた」というのだ。確かに、オンラインの観光関係サイトは東京の人気スポットとして靖国神社を挙げるものも多く、A級戦犯の存在に触れていないサイトもあれば、触れているサイトでも「論争はあるが、日本を代表する神社として親しまれ、多くの人が訪れる」とあっさりとまとめている。

終戦記念日にはテレビ局も政治家が参拝する姿を映像に収めようとカメラを配して待ち構えているから、「なにか大きなイベントに参加しているという感覚を、一般の人にもたらした」(前出の元自民党職員)。「参拝者に若者が目立ったことも、小泉参拝以前の靖国神社の光景と大きく異なっていた」(同)ともいう。

迷彩服に身を包んだり、日の丸のはちまきをしめたりと、軍事や軍隊を称揚するかのような衣装の若者が、靖国神社の敷地を闊歩する様子は、珍しくなくなった。ある年の終戦記念日の様子を収録した動画サイトには、大きな旭日旗や日章旗を掲げた20人ほどの黒ずくめの集団が

「イチ、ニ」の掛け声とともに行進する様子や、Tシャツ、ジーンズ、白のワイシャツといった軽装で日章旗を持って「美しい日の丸行進」と自賛して歩く集団が映し出されている。一方で、靖国神社参拝や天皇制を批判するデモ行進もあり、警察車両が衝突を警戒する様子も見られる。靖国神社境内に併設され、「第2次世界大戦での日本の戦いを美化している」といった批判もある博物館「遊就館」もにぎわっている。小泉の靖国神社参拝をめぐる騒動以降に増えた、イデオロギーや「靖国史観」とは無縁の若者や、近年は外国人観光客の姿も多い。

その様子を、外国メディアの在京特派員が紋切り型に「日本の若者の右傾化」「歴史修正主義の広がり」などと伝えることで「日本の右傾化」イメージが海外で定着していく。

小泉の首相退陣後、靖国神社の参拝者数は減少していった。急激な靖国神社参拝者の増加には「ファッション」的な要素と、小泉を触媒にした熱狂があったからだろう。靖国神社が公表している参拝者数の統計は、2016年以降、「内苑の参拝者数」を数える方式になったため、小泉政権当時よりも少なく出る傾向があるものの、新型コロナウイルス感染症が拡大する前の2018年の終戦記念日に参拝した人の数は、約6万4000人だった。

安倍がとった手法

安倍の第2次政権以降の長期政権は、1年の短命に終わった第1次政権で安倍の政治理念や信条を「保守右派」とする見方が定着していたこともあり、「日本の右傾化」イメージを強める効用もあった。

小泉政権の間に近隣諸国で強まった「右傾化した日本」観は、中国や韓国と良好な関係を築いていた福田康夫や、リベラル色の濃かった民主党の政権の3年間は、外交面で問題になる場面は少なく、徐々に後景に去っていた。しかし、2012年総選挙で政権の座に返り咲いた安倍の施政は、「右傾化批判」を再燃させた。もともとあった安倍の「保守右派」のイメージに加え、民主党政権の停滞を批判した「日本を取り戻す」というキャッチコピーが、第1次安倍政権の時に多用した「戦後レジームからの脱却」というフレーズとあいまって、「復古主義」を想起させたからだ。

ただ、靖国神社への参拝に関して言えば、第1次安倍政権当時も、第2次安倍政権以降も、選挙での損得勘定で参拝に踏み切った小泉に比べれば、安倍には外交上の配慮を優先する姿勢があった。

2006年8月下旬、小泉の後継を決める自民党総裁選を間近に控え、勝利が確実視されていた安倍の外交政策や内政の課題を話し合うため、元官房長官の中川秀直、ジャーナリストの田原総一朗、外務次官の谷内正太郎がひそかに東京都内に集まった。

田原は安倍に、小泉の度重なる靖国神社参拝もあって悪化した日中関係の立て直しを「真っ先に進めるべきだ」と進言した。そのためには、安倍の靖国神社参拝に対する思いを抑えてもらわなければならない。

それまでも田原から「首相になったら靖国神社には行くべきではない」と繰り返し説得されていた安倍は、中国との関係改善を急ぐことには同意しながらも、「やはり、参拝しないという選択はあり得ない」と言い切った。「参拝したか、しないかは言わない。するか、しないかも言わない」とも付け加えた。

谷内は「あいまい戦略でやるということなら、中国と話してみます」と請け合った。谷内は、小泉政権当時から日中総合政策対話のカウンターパートだった中国共産党中央外事弁公室主任の戴秉国（ダイビングオ）に、早期の日中首脳会談の設定を迫った。

「安倍首相が誕生すれば、小泉首相とは違い、靖国に行ったか、行っていないかは言わない。たとえ写真を撮られても『行った』とは言わない。その写真を中国が掲げて『行ったじゃないか』と言って、何の得があるのか。日中首脳会談直後に参拝することもない。心配しなくていい」

こうして、安倍が首相就任後の初外遊として中国を電撃訪問することが、自民党総裁選の前に早々と水面下で決まった。

安倍は2006年10月に北京で中国国家主席・胡錦濤（フージンタオ）との首脳会談を行った。谷内が戴に確約した通り、安倍が首脳会談直後に靖国神社を参拝することはなかった。それどころか、2007年9月に体調不良で首相を退任するまでの間、安倍が靖国神社を参拝することは、とうとうなかった。その後、安倍はいつまでも、参拝できなかったことを悔いた。

だからこそ、5年ぶりに首相に返り咲いた安倍は、現職首相として靖国神社を参拝する時期を探り続けたのだった。第1次安倍政権の時から引きずってきた思いの発露だったから、最側近の一人である首相秘書官の今井尚哉が「職を賭す覚悟」まで示して懸命に制止しても、聞かなかった。

第2次安倍政権の発足から1年後の2013年12月26日、安倍は靖国神社を参拝した。中国や韓国のみならず、米国のバラク・オバマ政権が「失望」を表明するなど、ハレーションは大きかったものの、安倍は宿願を果たし、淡々としていた。

結局、政権復帰から再びの病気退陣までの約8年の首相在任中、安倍が靖国神社を参拝したのは、この1度だけだった。近隣諸国や米国の反応を念頭に、慎重な態度を貫いたと言える。にもかかわらず、海外メディアの多くは「安倍がナショナリズムを鼓舞し、歴史修正主義を唱えている」と決めつける論調を変えることはなかった。

安倍が退任を表明する約2週間前の2020年8月15日の終戦記念日に米紙ニューヨーク・タイムズのオンライン版に掲載された記事でも、安倍内閣の4閣僚が終戦記念日に靖国神社を参拝した事実を材料に、「閣僚の靖国神社参拝は、自民党内で続けられた歴史を修正する取り組みに対する共感の象徴」などとする批判的な記事を掲載している。

記事に添えられたのは、靖国神社で隊列を組んだ旭日旗を持った集団をとらえた写真で、中央に白いワイシャツ姿で新型コロナウイルス感染防止用のマスクを着用した若者を配し、キャプションには「帝国主義と侵略の象徴」とあった。本文では環境相の小泉進次郎、文部科学相の萩生田光一、消費者相の衛藤晟一、総務相の高市早苗が参拝したと紹介、安倍内閣になって最も多い4閣僚の参拝は「中国に対する安倍内閣のメッセージ」だと決めつけた。小泉進次郎の父、小泉純一郎が首相在任中に靖国神社参拝を続けたことにも触れ、進次郎には父と同様、右派の支持を取り付ける狙いがあったとする分析を、日本の識者のコメントとともに載せ、前月にインド洋の島国モーリシャスで起きた商船三井が運行する大型貨物タンカーの座礁事故を引き合いに、「環境相なら靖国神社ではなく重油が流出する現場に行くべきではなかったか」というツイッター（現在のX）の声を紹介している。

こうした論調は、靖国問題をめぐる欧米メディアの典型と言っていい。

靖国史観が拠って立つもの

2000年代以降に「日本の右傾化」像を築き上げた三つ目の要素であるSNSについては、その攻撃性と伝播力が様々に論じられている。かつては一部の人の間でしか共有されていなかった「靖国史観」でさえ、SNSを通じて広がりを持つようになり、小泉や安倍の靖国神社参拝と結びつけられていった。

先の大戦の侵略性を否定する「靖国史観」を理解するには、靖国神社に祭られた「英霊」の意味を探ることから読み解いた小島毅の著書（『増補　靖国史観　日本思想を読みなおす』ちくま学芸文庫）が参考になる。同書は「英霊」を「天皇の名のもとに戦った（ことになっている）陣没者や天皇のために政治的に犠牲になった人たちのこと」と定義している。靖国神社の前身の招魂社は、江戸幕府を倒して明治政府を樹立した中心勢力の一つ、長州藩によって建立された慰霊所に源流がある。薩摩藩、長州藩、土佐藩、肥前藩が主導した明治維新は、日本の統治機構が江戸幕府のシステムから明治政府に変わることの正統性を天皇の権威に求めたため、「天皇のために戦って犠牲になった戦没者」を「英霊」として祭り、それは明治政府の正統性のアピールに一役買った。

土佐藩出身の坂本龍馬や長州藩出身の吉田松陰も、直接の戦争で亡くなったわけではないのに、広い意味では明治政府の樹立に貢献したとして靖国神社に祭られている。ところが、倒幕で功績をあげながら、西南戦争を起こして明治政府と敵対した西郷隆盛は「官軍」側ではないと見なされ、祭られていない。

「官軍」の物語に不都合だったのは、「昭和戦争」「太平洋戦争」「第二次世界大戦」など、それぞれの歴史観によって様々な呼称がつけられる先の大戦だ。日本が敗れたことは否定できない事実でも、「官軍」が他国を侵略しようとしたあげく、連合国に成敗されたという物語は受け入れ難い。「官軍」はあくまでも正義の戦争を戦い、不幸にも勝てなかったのだという物語が必要だった。

日本遺族会や靖国神社が一貫して、先の大戦を「大東亜戦争」と呼ぶのも、先の戦争は侵略戦争ではなく自衛のための戦いで、「東亜＝東アジア」を解放するものだったと訴え続けなければ、足元が揺らぎかねないからだ。

こうして、「大東亜戦争」は「正義のための戦争」だったとする「靖国史観」が整理され、一定数の国民に共有された。

SNSで拡散される歴史観

「靖国史観」を抱く人の数は、有権者全体から見れば大勢力とは言えないものの、自民党の岩盤支持層の一部にはなっている。日本共産党やリベラル系の政党が伸び、歴史観を揺さぶられることを警戒する人々の多くは、自民党以外の政党では歴史認識の防波堤にはならないと考えるからだろう。

1994年に衆議院小選挙区比例代表並立制が立法化されて以降、中選挙区時代には7割を超えることが普通だった衆議院選の投票率の下降基調が続く中、岩盤支持層である「靖国史観」の信奉者の影響力は相対的に強まっていった。

靖国神社を参拝する人全てが「靖国史観」を持っているわけではなく、日本遺族会の会員や、その支持を受けた政治家にも、「靖国史観」とは異なる歴史観を持つ人はいる。ただ、「靖国史観」を持つ人々は、多数派の力に対抗するために少数派が固く結束しやすいという意味で、「岩盤化」しやすい。戦後教育を通じて国民に広く浸透した「日本が悪かった」という歴史観を「自虐的で間違ったもの」と考える人々が少数派だった分、多数派に対抗するために団結しなければならなかったからだ。

「自虐史観」と「靖国史観」の対立を理解するには、社会学者の竹内洋が日本人の「敗戦にともなう感情」の種類を示した四分儀＝図＝も参考になる（『革新幻想の戦後史』中公文庫）。

座標の縦軸に「戦前日本の否定」から「戦前日本の肯定・部分否定」の間の強弱をとり、横軸では「即自性」（敗戦という出来事それ自体に即応した精神状態）と「対自性」（敗戦を契機とした反省と再生の精神状態）を両極に置く。

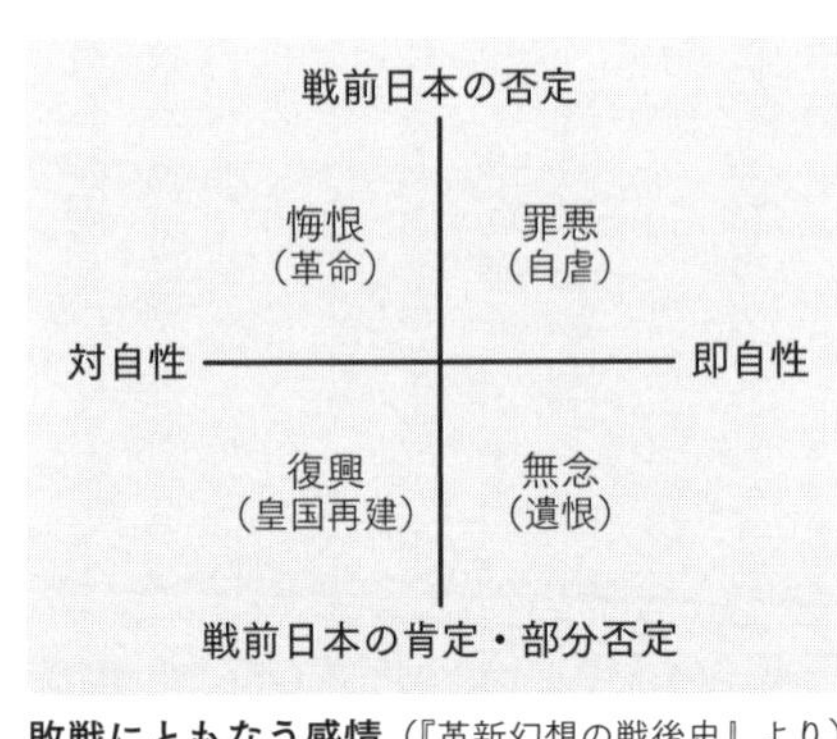

敗戦にともなう感情（『革新幻想の戦後史』より）

この図を借りて、歴史観をめぐる違いに当てはめていくと、自虐史観は「戦前日本の否定」と「即自性」によって生じる座標右上の「罪悪（自虐）」の平面にある。「戦前日本の否定」と「対自性」が生む座標左上の「悔恨（革命）」の象限とともに、「左派」の土壌になっていると見ることができる。

「戦前日本の肯定・部分否定」と「即自性」による座標右下の象限には「無念（遺恨）」があ

り、「戦前日本の肯定・部分否定」と「対自性」による座標左下の象限には「復興（皇国再建）」があり、これらが「右派」の土壌だ。「靖国史観」と「復興（皇国再建）」の感情は厚く重なる。現象として「左派」が「右派」を量的に凌駕していた時代から、2000年前後を境に「左派」と「右派」が拮抗する局面に入っていったのは、「靖国史観」を持つ人の絶対数が増えたのではなく「罪悪（自虐）」や「悔恨（革命）」の感情が時とともに薄まり、中立化していったためだと見られる。

そうした時代の変化の中で、誰もが自分の考えを容易に発信できるSNSが広く使われ始め、「小さな声」が「大きな声」に増幅される傾向も目立つようになった。会員数を減らした日本遺族会に代わり、「保守右派」の「靖国史観」がSNSを通じて拡散されていったのも、そうした現象の一つだと言える。SNSには今も、「靖国神社参拝と戦争の善悪は別物だ」「紀元節を祝って靖国神社を参拝。美しい日本を残したい」「総理になっても決して靖国神社は参拝しないと言っている人は、絶対に総理にしてはいけない」「国際法を無視した不当な東京裁判によって作り出された戦犯」といった書き込みがあふれている。

とはいえ、「靖国史観」が一定の広がりを見せた背景にあったのは、情報技術の革新だけではない。「国の主権」が侵害された事案が日本人の意識を大きく変え、社会そのものの変化をもたらしたことがある。北朝鮮による日本人拉致問題をきっかけとしたナショナリズムの高まりだ。

第5章 小泉訪朝とナショナリズム

戦後日本のナショナリズムは、経済成長とともに少しずつ復活していく一方で、先の大戦の反省もあってナショナリズムという概念そのものに後ろ向きのイメージがまとわりついたため、全体として見れば抑制的に推移してきた。そんな空気を大きく変えたのが、北朝鮮による日本人拉致問題だった。

日本の首相として初

2002年9月、小泉純一郎が日本の首相として初めて北朝鮮を訪れた際、朝鮮労働党中央委員会総書記・金正日(キムジョンイル)が「特殊機関の一部の盲動主義者らが、英雄主義に走った。おわびする」と日本人の拉致を認め、謝罪した。同年10月には、北朝鮮が生存を確認した日本人5人の「一時帰国」が実現した。

拉致被害者が帰国する数日前、小泉の電撃訪朝を仕掛けた外務省アジア大洋州局長の田中均は、東京都内で外相経験者らに訪朝の経緯などについて報告した後、打ちひしがれた様子で心情を吐露した。

「私は正しいことをしたのか、悩んでいます。本当に苦しい」

日朝首脳会談が実現した背景には、双方の損得勘定があった。

北朝鮮側には、日朝国交正常化交渉が始まれば、日本からの経済支援を引き出すことができるという計算があり、日本側には、核兵器や弾道ミサイルの実用化と性能向上を進める北朝鮮の脅威が高まる中で、交渉を続けている間は日本に対する攻撃が行われることはなく、日本の安全を保てるという期待があった。

ところが、北朝鮮の拉致被害者に対する態度が、双方の思惑を狂わせた。日本側が拉致被害者と認定していた横田めぐみ、田口八重子、市川修一、増元るみ子、原敕晁、有本恵子の6人と、日本側が認定していなかった松木薫、石岡亨の2人を合わせた計8人について、北朝鮮当局者が「死亡した」と日本側に伝えたからだ。その際、原因や状況など詳細な説明は行われず、日本側には「本当は生きているのでは」との疑念が生じた。

日本の世論も、猛烈に反発した。北朝鮮に融和的な姿勢をとることは許されないという空気が支配的になり、小泉の訪朝そのものへの評価も二分された。

それまでの日本社会では見られなかったようなナショナリズムが、小泉の訪朝を契機に高まったのだ。

田中は外相経験者らを前に「ここまで世論が先鋭化するとは……」と肩を落とした。出席者は「北朝鮮との交渉を全うし、成功させることがあなたの役割だ」と田中を鼓舞した。

米韓の厳しい反応

北朝鮮に対する怒りがもたらしたナショナリズムの沸騰は、日本の外交安全保障政策の舵取りを難しくした。

というのも、米政府は小泉の訪朝を受け、2002年10月3日に国務省で東アジア・太平洋地域を担当する国務次官補ジェームズ・ケリーを、第43代米大統領ジョージ・W・ブッシュの特使として平壌に派遣し、北朝鮮に強い圧力をかけ始めたからだ。

在韓米軍烏山空軍基地から米軍用機で平壌に入ったケリーは、北朝鮮側に三つの「警告」を伝えた。

第一に、日朝国交正常化交渉が再開されても米国の北朝鮮政策に一切変更はない。第二に、ミサイル、核問題について早急に解決への道筋をつけること。第三に、「おかしなことをすれば、米国は核攻撃も辞さない」――だった。

米朝協議の中身について報告を受けた田中ら外務省幹部は「要するに、米国は核攻撃にまで言及し、北朝鮮を脅したのだ」と頭を抱えた。「ブッシュは、イラクの最高指導者だったサダム・フセインより、金正日に対する嫌悪感の方が強い。今は日韓に配慮して我慢しているだけだ」といった見方も、外務省内ではささやかれた。

日本と韓国が米国の対北朝鮮政策のブレーキにならなければ、北東アジアで戦争が起きかねない――。そんな危機感が、日本政府の中に広がっていた。当時の韓国は、金大中(キムデジュン)政権による北朝鮮に融和姿勢を見せた「太陽政策」がうまくいかず、次期政権は北朝鮮に厳しい態度をとらざるを得ないと見られていた時期だ。結局、金大中政権の後は「左派」の盧武鉉(ノムヒョン)政権となり、北朝鮮に融和的な、つまり米国の強硬論に対してはブレーキとなる政策が継承されたことで、懸念は杞憂に終わったのだが、この時点では「米韓そろって対北朝鮮強硬姿勢」になることが本気で懸念されていた。

米韓の実情を踏まえ、日本政府内には「日本まで先鋭的になって北朝鮮を追い詰めれば、金正日が自暴自棄になり、日本にミサイルを撃ち込んでくる」との危機感を口にする高官もいた。だからといって、北朝鮮に少しでも融和的な姿勢を見せることは、世論のナショナリズムの高まりもあって困難だ。日本政府の選択肢は狭まっていた。

2002年10月15日、北朝鮮から地村保志、浜本富貴恵、蓮池薫、奥土祐木子、曽我ひとみの「生存者5人」が、日本政府のチャーター機で羽田空港に到着した。

その後、北朝鮮は「あくまで一時帰国を認めただけだ」として5人の送還を求めた。日本政府内には、米国の強硬論に対する心配から「北朝鮮を追い詰めるべきではない」として北朝鮮の要求を受け入れる意見もあったが、官房副長官だった安倍晋三が奔走し、5人を日本に永住させるために送還を阻止する動きが勝った。最終的に5人は日本で暮らすことになった。安倍の活躍は称賛され、ナショナリズムが高まっていた国民の間での安倍人気は、急上昇した。

広がったナショナリズム

「日本人拉致を北朝鮮が認めたことで、日本の世論が先鋭化した」という田中の受け止め方が妥当だとしても、「日本が右傾化した」とまで言えるのだろうか。

隣国が日本の領土に工作員を送り込み、日本国民を拉致するという明らかな主権侵害を隣国の最高指導者が認めたことに、国民が怒りを感じるのは当然だ。それは「先鋭化」というよりも、それ以前には鈍感だった国家意識の覚醒と見ることもできるだろう。

その過程の中で、「保守右派」の位置づけも変わってきている。

政治学者の片山杜秀は2023年の論考で「戦後日本の右派的心情のありよう」が「すっかり変わっている」と分析した。それによると、戦後の日本の保守を形作ってきた「反共」と「天皇擁護」の二枚看板は、どちらも変質してしまった。「要するに、とりわけ安倍長期政権のあたりから、治安維持法以来、戦前戦後を貫いた日本の保守主義的態度の王道は消滅過程に入ったのではないか。別に政治がそちらに積極的に誘導しているのではない。時代の条件の変化と政治家等の世代の交替のなせるわざである。（中略）かつては国体護持であり、天皇擁護であり、反共であったものが、現在においては日本の国際的地位が低下してゆくことへの不安、強い存在感の希求という、とても生々しく現在的で赤裸々なものに転換」（『中央公論』2023年7月号、「保守」の現在地　「国体護持」から「中今」へ）したというのだ。

片山は「中今（なかいま）」という古語を、利那主義や現在至上主義の言い換えとして使う。日本の長期低落傾向のもとで、保守主義は守るべき積極的価値を失っている。「危機と転落の局面に、保守主義の空洞を埋めるべく現れるのは、一種の刹那主義と相場は決まっている。瞬間の熱狂で焦燥感を一時的にも吹き飛ばす。上手なパフォーマンスや自信たっぷりの存在感で不安を一時的にも払拭する。今のこの瞬間を少しでも値打ちのあるように感じたい、日本の国はまだまだやれる、日本の国はまだまだ強いという実感を常に味わいたい。そういう期待にカンフル剤を与えるようにして応えてゆく刹那主義へとトレンドは移行する」。この刹那主義が、「中今主義」だという。

小泉訪朝は片山の論考の20年近く前の出来事だが、既に片山の指摘する「右派的心情」は日本社会に広がっていたように見える。「瞬間の熱狂で焦燥感を一時的にも吹き飛ばす」のは小泉が得意とした「上手なパフォーマンス」だ。主権侵害の事実を棚上げしてでも日朝関係の正常化を優先させようとする日本政府の一部にあった動きは、「日本の国はまだまだやれる、日本の国はまだまだ強いという実感」を求める人々にとっては受け入れ難かった。その反動で、北朝鮮との妥協を拒否し、強い態度で臨んだ安倍には、大きな期待も集まっていった。その後の安倍のパフォーマンスが「愛国的ポテンシャルの高さによって日本の這いずる下り坂を逆転できる夢を多くの国民に振り撒いた」（同書）ことで、安倍は「保守右派」のイコンとしての地位を確立していった。

もちろん、小泉訪朝の際の安倍の行動が、日本の「保守右派」にとって大きな転換点となっていった底流には、小泉訪朝を経て日本社会に広がったナショナリズムがある。時代の空気が、安倍のような政治理念、信条を受け入れやすい土壌を形成していった。その当時の世の中の雰囲気を振り返るため、読売新聞の読者投稿欄「気流」に掲載された文章をたどると、日本人拉致問題と安倍について言及したものが多数掲載されていたことに驚く。

中には、小泉訪朝後に行われた日米首脳会談をめぐる外務省の姿勢を批判し、安倍をたたえる内容のものもあった。小泉とブッシュが北朝鮮に「圧力」をかけ続けることで一致したにもかかわらず、外務審議官に昇格していた田中が、記者ブリーフを行う安倍に「圧力」には触れないよう求めた経緯が報じられていたからで、投稿は〈安倍晋三官房副長官はきちんと、「圧力」を公表した。当然だと思う〉などとつづっていた。安倍が2003年9月の自民党役員人事・内閣改造で党幹事長に抜擢されることが決まると、気流欄には〈安倍氏が閣外に去ることで、拉致問題の解決に少なからぬ支障が出るのではないか〉と懸念する投稿も寄せられた。

2005年6月には、北朝鮮に対する経済制裁を求めていた北朝鮮による拉致被害者家族連絡会とその支援組織である「救う会」による国会前の座り込みがあり、炎天下の3日間で約2500人(「救う会」の発表)が参加し、小泉政権に善処を求めた。

小泉の意図はともかく、「日本は右傾化している」と考えられるようになった政治、社会の変化をブーストしたのは、小泉の靖国神社参拝と、日朝首脳会談だった。

第6章 憲法改正と保守右派

アジア諸国をはじめ海外の目に映る「日本の右傾化」とは別に、日本国内で右傾化が意識されるようになったのは、かつて保守本流を自任していた「保守ハト派」「リベラル派」が自民党で非主流派となり、「保守タカ派」「保守右派」が主流派となってからだ。この変化は、自民党が野党だった時期に加速した。その中で、自己認識としての右傾化の一つの基準になったのが、憲法改正だった。

右シフトの動き

自民党が大きく「右旋回」したと印象づける契機となった大転換は、あっさりと受け入れられた。

2012年4月に自民党が発表する第2次憲法改正草案をめぐり、党の憲法改正推進本部（本部長・保利耕輔）に置かれた起草委員会の事務局長を務めていた参議院議員・礒崎陽輔らは、党総裁の谷垣禎一に、大きな議論になりそうな3項目について事前説明を行った。この時の自民党は、2009年の総選挙に敗れ、野党第1党の座にあった。

「重要な論点は、国防軍、元首としての天皇、国旗・国歌の三つを憲法に明記することです」

よどみない礒崎の話をうなずきながら聞き終えた谷垣は、具体的な中身に深く突っ込むこともなく、谷垣らしいきっぱりとした口調で会議をしめくくった。

「みんながそう言っているなら、それでいいんじゃないですか」

この反応に、同席者は肩透かしを食らった。

3項目は、自民党が小泉純一郎政権の与党だった2005年に「新憲法草案」をまとめる際に、「保守的すぎて、他党の賛同を得にくい。憲法改正を発議するうえで現実的ではない」との声を受け、草案に盛り込むことが見送られた項目ばかりだった。同席者は、党内で「リベラル派」と目される谷垣が「三つのうち、一つぐらいは押し返すはずだ」と予想していたが、読みは外れた。

この頃の自民党の雰囲気について、谷垣は後のインタビューで「野党に転落したあたりから、いわゆる右シフトの動きが強まっていたように思います。インターネットに溢れていた極右的な思考と同調するかのような自民党議員の発言が、政権交代後にずいぶんと増えたことは感じていましたが、その動きに野党総裁としての私自身、少し鈍感すぎたのかもしれないなという気はするんですね」と振り返っている（『中央公論』2023年7月号の特集「安倍晋三のいない保守」のインタビュー）。

与党時代には「保守的すぎる」と退けた憲法改正項目の復活は、政権与党との違いを明確にすることが優先される野党第1党の立場でなければ、かなわなかった。

野党自民党という事情

自民党が野党としてまとめた第2次憲法改正草案は、礒崎の指示を受けながら衆議院法制局の職員らが体裁を整えていったものだ。

礒崎の原案づくりを手伝った職員は「礒崎さんは、『こんな風に改正すると格好いいだろう』と言わんばかりに、議論もろくにせずに書き進める傾向があった。自民党は野党に転落した衝撃もあり、総じてチェックが甘いと感じた」と打ち明ける。

例えば、日本国憲法の中の「個人」という表現を、「人」に書き換えた。

「基本的人権は、人類の多年にわたる自由獲得の努力の成果で……侵すことのできない永久の権利として信託されたもの」と定めた第97条も削除し、後に他党からの批判を招いた。

礒崎が「現行憲法は、GHQ（連合国総司令部）の意向によって、キリスト教の天賦人権説に覆われている。第97条はその最たるもので、基本的人権を保障した第11条と重複してもいる」と主張した結果だ。

「礒崎さんは『天とはキリストだ』と言うが、福沢諭吉の『天は人のうえに人を作らず』の『天』はどうなるのか。天賦人権説を否定したら、多くの法律が成立しなくなる」と衆議院法制局の職員は苦笑いする。

参議院議員になる前の礒崎は、自治官僚として霞が関に職を得て、総務省でキャリアを積んだ。周囲の評価は「法律を書く能力は高かった。自身のイデオロギー色はなかった」というものだった。

にもかかわらず、第2次憲法改正草案の「保守右派」色が濃くなったのは、礒崎と元首相の安倍晋三の関係が近かったからだというのが、関係者に共通する見方だ。「安倍さんと正反対の考え方の人と関係が近かったなら、器用な礒崎氏は、その人に沿った政策や理念を書くことができただろう」とも言われた。

安倍は2012年9月に自民党総裁に返り咲き、同年12月の総選挙で首相の座を取り戻した。それから8年近く続く政権の間、第2次自民党憲法改正草案の保守色を批判される度に、安倍は「谷垣総裁時代に作られたものを踏襲している」と反論した。

自民党で「リベラル派」の代表格と見られていた谷垣が承認したということは、「リベラル派」の目から見ても必要な改正であると言いたかったのだろう。だが、実際には、安倍の思想や政治理念が、礒崎を通じて憲法改正草案に反映されていたことになる。

谷垣にしても、自民党が保守色を強めることを止められないどころか、むしろ、積極的に進めなければならない事情があった。

2009年総選挙で政権を奪取した民主党が、社会民主党と連立を組むなどリベラル色を前面に押し出す中、下野した自民党の立て直しを託された谷垣は、民主党との「違い」を鮮明にする必要があったのだ。

第2次憲法改正草案の原案は、2012年2月28日に自民党憲法改正推進本部の役員会に示された。

この場で発言を求めたのは、安倍と同じ清和政策研究会（当時は元外相の町村信孝を会長とする町村派）の出身で、元首相の福田康夫だった。いつもの早口と感情を表に出さない飄々とした態度で、福田は天皇を元首と明記した点に「象徴天皇制は国民になじんでおり、変える必要はないのでは」と異論を唱えた。

「リベラル派」の谷垣は了承したのに、「保守右派」色の強い派閥出身の福田が反対する図式に、礒崎らは戸惑った。

もっとも、清和政策研究会の前身の清和会を創設した元首相・福田赳夫を祖父に持つとはいえ、福田康夫の政治信条、とりわけ中国や韓国との良好な関係を重視する外交姿勢は「保守ハト派」と形容しても違和感はなく、少なくとも「保守右派」にありがちな「反中嫌韓」の態度とは無縁だった。

結局、第2次憲法改正草案の原案の了承は、いったんは見送られたものの、国防軍、元首としての天皇、国旗・国歌の「保守3点セット」が除かれることはなく、福田康夫もそれ以上の深入りはしなかった。なにしろ、自民党は野党だったのだ。

2012年4月27日、日本が敗戦による占領から独立を果たしたサンフランシスコ講和条約の発効（1952年4月28日）60周年に合わせ、「自民党の右傾化」の象徴とも言われた第2次憲法草案が発表された。

戦後50年の政治状況

永田町では今も、「右」と「左」、保守とリベラルを分ける物差しとして、憲法改正に対する態度が用いられている。

戦後すぐの時期は、日本共産党が憲法改正を主張していたこともあったが、1955年に社会党の左派と右派が一本化され、自民党が結成された後の「55年体制」では、「改憲＝自民党＝右」「護憲＝社会党＝左」という図式が人口に膾炙していく。憲法改正の最大の焦点は、憲法第9条の扱いだった。戦争の記憶を生々しく持つ世代が社会をリードしていた期間は、「憲法第9条改正は日本を軍国主義に戻らせる」という主張が優勢で、憲法改正を具体的な政治テーマとして議論の俎上にのせることもはばかられる時代が長く続いた。

自主憲法制定を「党是」としていた自民党でも、長く主流派だったのは、「軽武装・経済優先」の国づくりを進めた元首相・吉田茂の影響を受けた「吉田学校」と呼ばれた政治家たちだった。「吉田学校」の直系には、元首相・池田勇人が創設した宏池会（池田派）と、元首相・佐藤栄作の周山会（佐藤派）から元首相・田中角栄が率いた木曜クラブ（田中派）を経て、元首相・竹下登が創設した経世会（竹下派）に至る二つの流れがあった。少なくとも、宏池会や木曜クラブ、経世会が党の主流派だった間は、憲法改正は最優先事項ではなかった。

逆に、憲法改正に積極的な姿勢を示した元首相・岸信介を源流とする清和会(清和政策研究会)はずっと、非主流派に甘んじていた。宏池会、経世会、清和会に比べれば規模の小さな政策科学研究所(中曽根派)を率い、憲法改正論者だった中曽根康弘が5年に及ぶ長期政権を担った際も、改憲を支持する世論が50%に達することはなかった。

戦後50年の節目を越えた1995年以降も、自民党には戦争経験を持つ大物政治家が「護憲派」としてにらみを利かせる構図があった。代表格は中曽根政権の官房長官や宮沢喜一政権の副総理を務めた後藤田正晴や、経世会出身で官房長官などを歴任した梶山静六だった。

自民党出身で新党さきがけに加わった鳩山由紀夫や、中道左派の社会民主連合出身の菅直人が1996年に「鳩菅新党」として民主党を結成したあたりから、保守でも革新でもない「第3の道」を目指す動きが出てきた。2003年に自民党出身の小沢一郎が率いた自由党と民主党が合併して新たな民主党ができる以前の「旧民主党」にも、後に民主党政権で官房長官となる仙谷由人や枝野幸男のように、憲法改正論議に積極的に加わる政治家は少なくなかった。改憲と護憲、保守とリベラル、「右」と「左」といった二項対立では割り切れない政治状況が生まれていた。

改正の論点の変化

第5章で引用した宇野重規や片山杜秀の論考を読む限り、「保守派」を規定する要件として、憲法改正は大きな意味をなさないようにも見える。少なくとも「保守派」は憲法改正を唱えなければならないとか、改憲を主張すれば「リベラル派」から追放されるというわけではない。

ただ、野党側には、2015年に安倍政権が国会承認の要らない閣議決定による憲法解釈の変更によって、それまでは全面的に禁じられていた集団的自衛権の行使を部分的に認め、安全保障政策を大きく転換したことへの反発が強かった。その反発を引きずったまま2017年に結成された立憲民主党は、憲法論議にも積極的に参加し、憲法改正にも理解を示していた枝野が代表を務めながら、「安倍政権のもとでの憲法改正には反対」の立場をとったため、国会で憲法審査会を開くかどうかが政局の駆け引き材料となる時間が長く続いた。

その結果、戦後80年近くたっても、改憲派と護憲派の境界が「右」と「左」、保守とリベラルの分かれ目と一致しているかのような錯覚に、多くの人がとらわれている。

憲法改正の論点は、ハードルの高い憲法第9条の改正から、緊急事態条項や環境権の新設、衆議院と同じように司法から「1票の価値」の格差解消を求められるようになった参議院の選挙制度の見直しなどに軸足が移ってきている。

憲法第9条の改正を真正面から掲げているならともかく、与党の公明党も、憲法改正に前向きな日本維新の会や国民民主党のような野党も、憲法第9条には当面触らず、それ以外で時代の変化に合わなくなってきた条項の議論を先行させる考えでは足並みをそろえつつある。憲法改正に理解を示す意見が増えることをもって「日本が右傾化している」と断じるのは、的外れだ。与党が改憲を唱えれば野党が反対する構図は、選挙を意識して互いに違いを強調しているからで、政党の思惑で作られた永田町の対立構造から「改憲＝保守」「護憲＝革新・リベラル」と仕分けることに、大きな意味はなくなりつつある。

第7章 日本会議と歴代政権

「日本の右傾化」を国際社会に印象づけるうえで大きな影響を及ぼしたのは、２０１３年１月に英誌『エコノミスト』に掲載された１本の記事だった。

記事では、発行日の１週間余り前に発足した第２次安倍晋三内閣を「右翼内閣」と呼び、そのイデオロギーがアジアの周辺国に悪影響を与える懸念があると警鐘を鳴らしていた。

「右翼」という表現を使ったのは、「保守的」と形容しても「新政権の実相を説明したことにならない」からだとし、「過激な国家主義」の内閣だと断じている。そう判断する理由として、記事では、首相の安倍を含む閣僚18人のうち、総務相・新藤義孝、厚生労働相・田村憲久、経済再生相・甘利明、行政改革相・稲田朋美、復興相・根本匠、国家公安委員長・古屋圭司ら14人が「みんなで靖国神社に参拝する国会議員の会」のメンバーで、新藤、甘利、稲田、古屋ら13人が「日本会議」と連携する「日本会議国会議員懇談会」に所属していることなどを挙げた。

日本会議を「保守右派」よりもさらに「右」に位置する団体だとする見方が日本のメディアの間で広がっていたからだが、その実態が必ずしも正確に理解されていたわけではなかった。

「反共」という接着剤

日本会議が発足したのは１９９７年５月30日、橋本龍太郎政権の時だ。

東京都内のホテルに国会議員を含む約1000人を集めた設立大会が開かれ、初代会長には衣料品メーカー「ワコール」会長の塚本幸一が就任した。

新たな憲法制定の推進などを活動方針に掲げた日本会議は二つの保守系の民間団体を統合した組織で、日本会議のイデオロギーや活動目標も前身組織から継承されている。

前身組織の一つは、神社本庁や「生長の家」など、神道系、仏教系の宗教団体が中心となって1974年に結成された「日本を守る会」（守る会）だった。

発足時の代表委員には、神社本庁総長の篠田康雄、生長の家総裁の谷口雅春、戦前、戦後にわたって政財界に信奉者が多かった思想家の安岡正篤、明治神宮宮司の伊藤巽らの名が並ぶ。異なる宗派や思想の利害が一致し、手を握るための土台となったのが、「反共産主義」の立場だった。

ソビエト連邦が米国と対峙しながら世界で共産主義の拡大を進めようとしていた時代、日本でも共産党が国会での議席数を伸ばしていた時期が1970年代だった。海外のように共産主義政権のもとで宗教弾圧が進むことを恐れた宗派の幹部にとって、「反共」は強力な接着剤となった。

2022年の元首相・安倍晋三の殺害事件を契機に自民党との長年の関係がクローズアップされた旧統一教会が「反共」を掲げて自民党に接近していった時期とも重なる。

「反共」と表裏一体の取り組みとして「守る会」が力を入れたのが、愛国心の高揚や天皇制の護持で、組織の発足直後には時の首相・田中角栄に、こうした理念を実現するよう申し入れを行っている。1955年の結党以来、自民党にとって宗教票の比重は大きく、社会主義勢力と対抗していくうえでも無視できない存在だった。共産党の伸長に対する危機感を共有する自民党と「守る会」の利害は、多くの点で一致していた。

一方で、「守る会」の設立に深く関わった生長の家は、1983年には政治から手を引き、日本会議に対しても批判の目を向けるようになっていった。

「いざという時に動いてくれる」

日本会議に統合されたもう一つの組織は、1981年に学者や文化人を中心として誕生した「日本を守る国民会議」(国民会議)だった。

もともと元号の法制化を目指す運動体として発足した組織に源流があり、1979年に元号法が成立してゴールが達成されると、運動目標を憲法改正などに変え、存続した。

メンバーには、旧日本軍で関東軍参謀を務めた伊藤忠商事特別顧問の瀬島隆三をはじめ「国家主義者」と評された大企業の幹部が名を連ねた。ワコール創業者の塚本も、その一人だ。作曲家の黛敏郎、沖縄や北方領土の返還運動に力を注ぎ、中曽根康弘をはじめ自民党の歴代首相の助言役でもあった末次一郎、評論家の江藤淳、東京大学教授の小堀桂一郎ら保守系の論客、さらに元官僚も加わった。

言論界や経済界の有力者が名を連ねたことで、国民会議は自民党政権にとってイデオロギー的な側面だけでなく、集金力、集票力の両面で無視できない存在となった。

日本会議の発足後、会員数は4万人前後で推移し、関連団体に日本会議国会議員懇談会や日本会議地方議員連盟、日本女性の会、日本会議経済人同志会などがあり、そのほかにも何十もの「加盟団体」を抱えている。日本会議には、こうした加盟団体が「いざという時に動いてくれるので、それなりの力を持っている」（日本会議幹部）という自負があった。

日本会議は綱領として三つの目標を掲げている。

「悠久の歴史に育まれた伝統と文化を継承し、健全なる国民精神の興隆を期す」

「国の栄光と自主独立を保持し、国民各自がその所を得る豊かで秩序ある社会の建設をめざす」

「人と自然の調和をはかり、相互の文化を尊重する共生共栄の世界の実現に寄与する」

前出の日本会議幹部は「とくに力を入れている項目は、憲法、皇室、靖国神社を大切にしようというところだ」と語る。言葉を変えれば、この3項目に同調してくれる政党や政治家が支持の対象となる。

設立当時の日本会議

日本会議の設立総会の前日には、自民党、新進党、太陽の党など超党派の議員による「日本会議国会議員懇談会」の設立総会があり、衆参両院議員約100人が出席した。会場には、後に橋本の後継首相となる小渕恵三の姿もあった。

議員懇談会の発起人には、小渕のほかに森喜朗や、国会に憲法について議論する場(憲法調査会、後に憲法審査会)を設けるために奔走した元外相の中山太郎が加わった。議員懇談会の初代会長には、農相や文相を歴任することになる自民党衆議院議員の島村宜伸が就いた。

議員懇談会の主要な活動目標は憲法改正で、日本会議との「共闘」分野も憲法改正の機運を高める国民運動の展開が基軸だった。

当時の自民党内の派閥のイデオロギー地図は、「ハト派」でリベラル色の強い宏池会と、「タカ派」で保守色の濃い清和政策研究会が両極にあり、小渕はその中間に位置する平成研究会を率いていた。

この時の小渕には、2010年代に入って「日本の右傾化」の要因とも目されるようにもなる日本会議と関係を持つことへの躊躇はなかった。小渕にしてみれば、数ある圧力団体の一つに過ぎなかったのだろう。自民党の「党是」とされる憲法改正が日本会議の中心的な取り組みとされていたことや、この時点では日本会議の影響力が顕在化しておらず、「日本の右傾化」を危惧する論調もあまり聞かれない時代だったからだ。

日本会議は発足後すぐ、政府への申し入れを相次いで行い、各地に「県本部」などの支部を設けて新憲法の制定や愛国主義を説くイベントを催した。

中央にあっては、1997年7月14日に塚本と島村が首相官邸に橋本を訪ね、首相の靖国神社参拝の実現や有事法制の整備、教科書の中の「慰安婦」に関する記述の削除などを求める要望書を提出した。

1997年10月22日には、日本会議副会長で行政管理庁の事務次官などを歴任した拓殖大学総長の小田村四郎が自治相の上杉光弘に、外国人の地方公務員採用を制限している「国籍条項」の堅持を要請した。前年に当時の自治相だった白川勝彦が、外国人の採用を条件付きで自治体の裁量に委ねる方針を表明し、一部自治体で「国籍条項」を撤廃する動きが広がったことに、日本会議は強く反発していたからだ。

日本会議の動きの底流には、在日韓国人や在日朝鮮人を念頭に、「地方自治体とはいえ、統治機構に外国人を入れれば、日本人の利益が損なわれる政策が行われかねず、外国と戦争になった時に裏切られる恐れもある」などとする考え方があった。

小田村は、上杉に対する申し入れの1週間後には文相の町村信孝を国会議員懇談会幹事長の平沼赳夫とともに訪ね、歴史教科書の「慰安婦」に関する記述をめぐり、教科書検定に合格した後でも、「未確定な歴史的事象と見なされた場合は、教科書会社に記述是正を指導してほしい」と求めた。

後に経済産業相などを歴任する平沼の支持基盤の一つは、「守る会」の中核となった生長の家だった。自民党では清和政策研究会や志帥会など「保守右派」系の派閥に所属し、小泉純一郎政権が進めた郵政民営化に反対したことをきっかけに2005年に自民党を離れた。その後、たちあがれ日本、太陽の党、日本維新の会、次世代の党と所属政党を転々と変え、2015年に自民党に復党するまで、一貫して憲法改正や道徳教育の充実、台湾との関係強化などを訴え続け、安倍や財務相を務めた中川昭一らとともに、「保守右派」の代名詞とも言える存在となった。

第2次安倍政権以降の変化

その後も日本会議と議員懇談会は毎年、終戦記念日には靖国神社への参拝と集会を行い、首相の公式参拝を訴えた。憲法記念日には、憲法改正を求める集会やイベントを催し、自民党以外の政党からも国会議員が参加した。

2009年には、広島の支部である「日本会議広島」が、先の大戦などに関して現役の自衛隊航空幕僚長だった時に政府見解に反する論文を投稿して更迭された田母神俊雄を招き、広島原爆忌の8月6日に講演会を行ったこともある。

空幕長の解任の一件は、田母神に「極右」や「好戦的愛国主義者」といったイメージをまとわせることになったうえ、広島の講演で日本の核武装を肯定する内容の話をする予定であることも分かり、広島市長の秋葉忠利が被爆者感情に配慮して講演日時の変更を求め、大騒ぎになった。日本会議広島側は「言論の自由の抑圧を感じる」などと反発、講演は予定通りに実施されたものの、会場周辺では田母神や日本会議を批判するデモも行われ、日本会議自体に「好戦的愛国主義」のレッテルが貼られることにもなった。

「リベラル左派」の陣営から忌避され、多くの批判も浴びながら、全体としての日本会議の活動は、発足からしばらくの間はことさらに「危険視」されることはなかった。背景には、橋本政権や小渕政権が日本会議と接点を持ちながら、中道穏健派の立ち位置を崩さなかったことがある。

橋本、小渕の出身派閥である平成研究会は、田中角栄や竹下登が率いた派閥の系譜にあり、外交では中国との友好重視、内政では社会党の主張まで取り込んだ社会保障の充実と、リベラル寄りの政策も進めてきた経緯がある。橋本や小渕も、そうした伝統を継承していた。

その後、日本会議が政権に大きな影響を持つ組織と見なされるようになったのは、第2次安倍政権になって以降のことだ。日本会議の主張や日本会議国会議員懇談会の規模が、1997年の発足時と大きく変わったわけではない。

変わった点といえば、衆議院小選挙区比例代表並立制による初の総選挙が行われた1996年以降、投票率が伸び悩むようになったことだ。岩盤支持層として自民党に一定の票を積み上げることができる日本会議の影響力は、相対的に増していた。

1996年の第41回衆議院選の投票率は、小選挙区選で59・65%だった。中選挙区制での最後の総選挙となった1993年の前回総選挙より8ポイント以上も下落している。中選挙区時代は投票率70％が普通の光景だったことを考えると、多くの有権者が「選挙離れ」を起こした分、岩盤支持層の存在感が大きくなった構図が浮かび上がる。

安倍が首相に返り咲いた2012年の第46回衆議院選の投票率も59・32％にとどまり、橋本の時とほとんど変わっていない。その意味では、橋本政権と安倍政権とでは、集票力という意味での日本会議の影響力は同等と見ることができる。

しかし、橋本政権とは違い、安倍政権では日本会議の主張と安倍の政治理念の重なり具合が大きくなっていた。例えば、日本会議の活動目標には、安倍の著書『美しい国へ』（文春新書）を彷彿させるような「美しい伝統の国柄を明日の日本へ」というスローガンが筆頭に挙げられている。憲法観でも、「現憲法はGHQ（連合国総司令部）に押しつけられた」として新憲法の制定を訴える日本会議の立場と、安倍の主張は近い。

日本会議の影響力が急速に増したと見るよりも、もともと衆議院小選挙区比例代表並立制の導入で存在感を増していたところに、考え方の近い安倍が首相となる巡り合わせだったということだろう。結果として、第2次以降の安倍政権のもとでは日本会議がクローズアップされ、そのピークとなった2016〜2017年には『日本会議の正体』（青木理著、平凡社新書）、『日本会議の研究』（菅野完著、SPA!BOOKS新書）、『日本会議　戦前回帰への情念』（山崎雅弘著、集英社新書）など、日本会議の実態を明らかにしようと試みる多くの書籍が出版された。

日本会議が「自民党の右傾化」の原因ではないし、自民党が政権を奪取するために日本会議に魂を売ったというわけでもない。民主党政権の自滅で権力が転がり込んできた安倍の考え方が、たまたま日本会議の主張に近かったと見る方がフェアな理解だろう。

そもそも、見方はフェアだったのか

『エコノミスト』誌が日本会議を「右翼」と表現した点も、いささか乱暴だった。

日本における「右翼」の定義は、例えば「国家主義ないしは民族主義に立った思想、信条に基づき、社会の不合理、不公平、不公正等を改革、是正する運動を『右翼運動』といい、その主体を『右翼』という」（右翼問題研究会著『右翼の潮流』立花書房）といったものがある。「(右翼運動は）明治以降、政策の権威付に利用された観があり、また、満州事変以降にあっては、その極論、曲解が政府の公式イデオロギーとして鼓吹され、外国に対する日本民族優位の裏付けとして使われた」（同）という経緯もある。

同書によると、戦後の右翼運動は「親米・反共」路線と、戦前からの「国家主義」「民族主義」への回帰に二分され、さらに「暴力団まがい」に「利権、利益の獲得を目的」とした「職業的犯罪集団化」の傾向を持つグループが増えたという。実際、「右翼」と聞けば今も、「市中で怒号、罵声と変わらない大音量の街頭宣伝騒音を振りまき」（同）、「一般の人からは恐れられ、あまり関わりを持ちたくない存在」（同）が想起される。

日本会議の主張に、国家主義、民族主義の一端が表れているとしても、「右翼」と形容したとたんに、自民党政権がまがまがしい集団に牛耳られているかのような印象を与える。

不正確な描写に引きずられるのではなく、全体からすれば「少数派」が、選挙制度によって過大な影響力を持つ実態を正確に見ていくことが、「右傾化のからくり」を理解するうえでは欠かせない。

第8章 小選挙区マジックと右傾化

国政選挙で自民党が獲得する票は、有権者全体から見ると25％前後に過ぎないのに、議席占有率は60％前後に膨らむ。衆議院の場合は小選挙区で、参議院の場合は改選定数が1議席の1人区で、いわゆる「死に票」が多くなるためだ。「死に票」が増えれば、有権者は自分の1票の力を信じられなくなり、投票率の低下につながる。ますます少数の「確実な票」が、選挙結果を左右する。「確実な票」を岩盤支持層と読み替えれば、なぜ、自民党が中道リベラルから「保守右派」を主流とする政党に変質していったのかが見えてくる。

選挙制度改革を悔やむ河野

2023年6月、衆議院の選挙制度が抱える問題、課題を話し合うためにつくられた自民、公明、立憲民主、日本維新の会、国民民主、共産の与野党6党による衆議院選挙制度協議会（座長＝衆議院議員・逢沢一郎）に、約30年前の与野党トップ会談で小選挙区比例代表並立制の導入を決めた当事者二人が招かれた。

日本の右傾化イメージが増幅される要因の一つには、選挙制度がある。衆議院では1994年の公職選挙法改正で、それまでの中選挙区制に代わり、衆議院小選挙区比例代表並立制が導入された。この制度は、少数が発する大きな声が沈黙する多数を押しのけて政治的な影響力を高めるメカニズムを内包していたが、導入時にはほとんど意識されていなかった。

30年前のトップ会談の当事者とは、当時は野党に転落していた自民党で総裁を務めた元衆議院議長・河野洋平と、日本新党代表として8党連立政権を率いた元首相・細川護熙だ。すっかり白くなったものの、86歳の河野も85歳の細川も豊かな髪をたたえ、国会内で行われたヒアリングに別々に臨んだ。

興味深いことに、四半世紀を過ぎた小選挙区比例代表並立制に対する二人の評価は割れた。複数の欠点を挙げ、最低限の見直しに着手すべきだと説く河野に対し、かつてはこの制度の問題点を口にしたこともある細川が、ヒアリングではほぼ全面肯定する論陣を張ったのだ。

２０２３年６月19日に衆議院議員会館の会議室に現れた河野は、居並ぶ後輩議員に「新しい選挙制度を導入した時には想定していなかったことが起きている。少なくとも、重複立候補は見直した方がいいと思う」と訴えた。

30年前の選挙制度改革では、小選挙区は「民意の集約」、比例代表は「民意の反映」と説明され、補完関係にあるとされた。小選挙区では、２大政党に挟まれて公明党や共産党のような中小の政党が議席を得るのは難しいが、比例代表では小政党でも一定の議席を確保しやすい。非自民・非共産の中小政党が多数参加した連立政権だった細川内閣では、単純小選挙区制だとコンセンサスを得にくいという事情もあり、比例代表制と組み合わされた。

ただ、ベクトルが正反対の制度を合体させれば、補完ではなく、それぞれの利点が相殺される面も出てくる。小選挙区、比例代表のどちらにも出馬できる重複立候補の仕組みは、小選挙区制の特徴の一つである、業績、評価の低い現職を落選させる「懲罰投票」の機能を失わせた。小選挙区で敗れても重複立候補していれば、惜敗率によって復活当選できるからだ。

例えば2021年総選挙では、自民党幹事長の甘利明が神奈川13区で立憲民主党新人の太栄志に惜敗しながら、重複立候補で当選した。自民党の現職幹事長が小選挙区で敗れたのは、小選挙区比例代表並立制の導入後、初めてだった。甘利は2016年、千葉県の建設会社側からの依頼により都市再生機構（UR）との補償交渉で口利きをし、謝礼に現金を受け取ったとして、あっせん利得処罰法違反の疑いで東京地検特捜部の捜査を受けたことがある。特捜部は最終的に「嫌疑不十分」で不起訴の判断をしたものの、有権者の間ではその後も「説明責任を果たしていない」などとして、疑念がくすぶっていた。甘利は復活当選したものの、自民党幹事長を辞任した。

衆議院選の投票率が小選挙区比例代表並立制を導入してから下落傾向をたどっているのは、「死に票」の多さに加え、懲罰を意図した投票を行っても、落としたはずの候補が復活当選してくることで、別の意味での「死に票」が生じたことも大きな要因だった。

選挙制度改革の難しさを身をもって体験した河野は、抜本的な制度改革が必要だと考えながらも、比較的容易に手をつけられる重複立候補の解消が急務だと主張したのだった。

現行制度改革肯定の細川

細川がヒアリングに登場したのは、河野のヒアリングから1週間後の2023年6月26日だった。

細川は淡々と、衆議院小選挙区比例代表並立制は「想定通り」に機能しているという見解を口にした。河野が見直しを唱えた重複立候補についても、小選挙区で僅差で敗れた候補者を支持した多くの有権者の意志をくみ取ることができるとして、肯定した。

それ以上に、出席者を驚かせ、戸惑わせたのは、細川が自らの政権で掲げた「政権交代可能な2大政党制の実現」というキャッチコピーを否定するかのように、「現在の衆議院小選挙区比例代表制は、穏健な多党制の中で機能している」と語ったことだ。

小選挙区比例代表並立制で9度の総選挙が行われた30年近い歳月のうち、2大政党制が定着するという確信が最も高まったのは、2009年に民主党が政権を獲得してからの3年程度しかない。もともと、小選挙区に比べて小政党や支持率の低い政党でも議席を獲得するチャンスが大きい比例選が並立されていることは、多党化をもたらす要因になり得る。民主党が政権運営に失敗し、分裂したことで、政界が2大政党どころか自民党1強、野党多弱へと向かったのは、当然の流れだと考えることもできる。

細川は首相になる以前から「穏健な多党制が日本には合っている」と主張し、日本には2大政党制はなじまないとの考えを示していたから、宗旨替えをしたわけではない。ただ、「衆議院の選挙制度を変えれば、政治は良くなる」という幻想と熱狂の中で、制度がもたらす未来を冷静に語ることができなくなっていた1990年代の政治改革ブームの中で、「穏健な多党制」は、英国や米国のような2大政党制を「理想」と考える傾向が強かったメディアや「改革派」を自任する政治家にとっては、「政権交代可能な2大政党制」に劣後すると思われた。当時の細川が「穏健な多党制」の狙いをあえて強調しなかった理由も、「理想」を推進力にする方が、選挙制度改革を実現する早道だったからだ。

問題は、「理想」が「幻想」だったと分かっても、メディアや永田町は機動的な方向転換ができず、30年もの間、定数削減などの小手先の選挙制度改革にしか取り組まなかったことだ。

例えば、イタリアでは日本より1年早く、日本とほぼ同じ小選挙区比例代表並立制を「政権交代可能な2大政党制で政治にダイナミズムをもたらす」という、これまた日本と同様の目標を掲げて下院選に導入したが、目標と正反対の多党化が進んだ。2000年までにできた政党の数は、50にも膨らんだ。イタリアはいったん、比例代表制に選挙制度を戻し、後に小選挙区よりも比例選の比率を高めた新たな小選挙区比例代表並立制に変えるなど、こまめに選挙制度を手直ししながら、望ましい「有権者の意志の集約と反映」を模索している。

日本でも1990年代の政治改革ブームの頃から2023年に至るまで、いくつもの政党が誕生し、分裂し、名を変えている。この間、結党から半世紀を超える自民、公明、共産の3党を含めると国会には60以上の政党が存在していたことになる。１９９４年に新設された政党助成法の規定する「政党要件」を満たせば、国から億単位の政党交付金が配られることが、多党化を促した側面もある。最近でも、２０２３年11月に国民民主党を離れた元外相の前原誠司らが翌12月に新党「教育無償化を実現する会」の結成を総務省に届け出るなど、新党の結成は、年初に行われる政党交付金の算定を目前にした前年の暮れに集中し、まるで年中行事のようにもなった。

一方で、同じ期間の政権与党の構成は、自民党が公明党との連立を続け、民主党政権にも国民新党と社民党が加わるなど、ほとんどが連立政権になっている。日本の政治システムは「自民党支配」と見られがちだが、正確には「自民党中心の政権」が長かったと言える。与党が連立で、野党が多党化している現状は、細川の想定した「穏健な多党制」に近いと言えなくもない。

衆議院、参議院ともに、選挙制度改革が必要だという声は通奏低音のように響き続けているのに、それが実現しない理由は、与党の場合、多数派を獲得できた制度を変えたくないという議員心理が働くからだ。野党も、政権に対する飽きやスキャンダルなどで与党に対する「逆風」が吹くと一気に政権交代が起きるダイナミズムが小選挙区制にはあるから、一発逆転を狙って制度変更を口にしたくない事情がある。

与党第1党と野党第1党の利害が重なるから、既に虚しい「政権交代可能な2大政党制」の旗を下ろすこともなく、選挙制度の抜本的見直しの機運は一向に高まらなかった。

小選挙区比例代表並立制を導入した立役者である河野と細川は、なぜ、対照的な総括に至ったのだろう。

なぜ総括は異なったのか

河野の選挙制度改革に対する思いは、複雑だ。河野が官房長官として仕えた宮沢喜一は、1993年の内閣不信任決議案の可決を受けて衆議院を解散した。決議案が可決されたのは、自民党の最大派閥だった経世会（竹下派）が分裂し、党幹事長まで務めた小沢一郎らが賛成に回ったからだ。

この総選挙で自民党は比較第1党の座を維持したものの、第2党の社会党以下、小沢らが結成した新生党などの非自民・非共産の枠組みを下回り、野党に転落した。この総選挙で初当選を果たしたのが、後に首相となる安倍晋三や岸田文雄で、彼らは中選挙区制での戦いを知る最後の世代だった。

宮沢とともに下野の責任をとるのが筋だと考えていた河野は、図らずも宮沢の後任の自民党総裁に選出された。自民党初の「野党の総裁」となった河野は宮沢と同様、自民党分裂の要因となった政治改革ブームに翻弄される。

政治改革ブームをもたらしたのはリクルート事件や佐川急便事件といった「政治とカネ」を

めぐる巨額の贈収賄事案や政治資金規正法違反だった。リクルート事件後、自民党は「政治改革大綱」を制定し、派閥の政治資金パーティーの禁止、閣僚や党執行部の派閥離脱、選挙制度改革、政党法の制定、地方分権の推進など包括的な改革メニューを並べた。中でも、金権政治の最大の要因と考えられたのが、同じ選挙区から同じ政党の複数の候補が当選する中選挙区制だった。

1955年の結党以来、野党第1党の社会党が「連合政権」構想のもとで単独過半数を獲得できるだけの候補者を擁立しなかったことも、自民党が単独で多数派を占め続けるのを容易にした面がある。単独政権が続く前提があったから、自民党は他党とではなく、党内の派閥同士で権力闘争を繰り広げた。派閥の人数を増やすため、同じ選挙区で同じ党の異なる派閥が候補を擁立して争い、ともに当選する。そんな選挙制度が、派閥政治の温床にもなった。

同じ党から出馬した候補同士は、政策に関しては党の主張と正反対のことを言うわけにはいかないから、ライバルとの差別化を図るため、地元へのサービス合戦に走りやすかった。

インフラ整備は、典型的なサービス合戦の材料だった。「我田引鉄」と揶揄されたように、中選挙区制の時代に進んだ整備新幹線の建設計画を含め、新しい鉄道路線の開業や新駅の建設を、政治家は「自分の手柄」としてアピールした。兵庫を地盤とし、衆議院議長まで務めた原健三郎が、本州四国連絡橋の完成にどれだけ尽力したかを口癖のように話す姿が語りぐさになったように、中選挙区の時代は、どれだけ公共工事で地元を潤し、選挙区の生活を便利にするかが、国会議員の重要な関心事項になった。このため、国土全体のバランスを考えた事業という発想は後回しにされ、外交や安全保障といった「票にならない政策分野」に対して関心の薄い国会議員が量産された。

日常的にも、同じ政党のライバルに勝つため、支持者との付き合いや後援会組織の維持・拡大のために多くの資金をつぎ込む。総理・総裁の座を狙うために「子分」を囲い込み、さらに「子分」を増やそうとする自民党の派閥の領袖たちは、そうした資金の面倒を見るためにも巨額の資金を必要とする。自民党議員にとっては「当たり前」の光景だっただけに、中選挙区制が「政治とカネ」の問題を深刻にしたとする指摘には、正面切って反論しにくかった。

選挙制度改革に政治改革のエネルギーが傾注された理由は、それだけはない。自民党政治改革大綱の制定に元外相・伊東正義とともに尽力した後藤田正晴が、大綱づくりの作業で「中選挙区制を小選挙区制に変えれば、改革は達成される」と宣言したことの影響も大きかった。伊東は選挙制度改革より政治資金規正法の強化などを優先すべきだという考えだったが、後藤田が発した掛け声は、宮沢や後藤田を政治の「師」として尊敬していた河野にとっては重かった。政治改革はいつしか、選挙制度改革を実現すればいいという発想に矮小化されていった。

小選挙区制を中心とする新しい選挙制度そのものは、竹下登、海部俊樹と首相が2代続けて「答申の実現」を約束した第8次選挙制度審議会が答申したものだ。第8次選挙制度審議会は、それ以前の7次にわたる戦後の選挙制度審議会の中で、唯一、国会議員がメンバーに入っていない会議体だったため、政治家ならばハードルが高いと感じる改革にも容赦なく切り込むことができた。例えば、選挙区の線引きが変わることや、各小選挙区で1人だけしか当選できないという厳しさを増す戦いに、現職議員は本能的に抵抗感を抱き、自民党内では答申に対する反対論が渦巻いた。

選挙の損得ばかりではなく、後に自民党幹事長を務めた加藤紘一が繰り返し語ったように、「政治家は『専門店』ではなく『デパート』にならないと、小選挙区では勝てない。政策が広く浅くなり、専門性の高い政治家は淘汰され、票になりにくい外交や安全保障の問題はいよいよ軽視される」という懸念もあった。

河野自身も当初、小選挙区比例代表並立制への転換には慎重な考えだった。しかし、竹下、海部と歴代総裁が答申の実現を約束していたうえ、後藤田の大方針もある。新たな選挙制度を推進する議員は「改革派」と呼ばれ、反対論や慎重論を唱えれば、メディアから「守旧派」のレッテルを貼られた。当時の自民党本部は、野党の悲哀で閑古鳥が鳴いていた。時折改革派を自任する若手がけたたましい足音を鳴らして現れると、その手には離党届が握りしめられていた。その様子をじっと見ていた河野は、党の分裂を回避するため、小選挙区比例代表並立制を受け入れざるを得ないと判断した。

河野は細川に対し、小選挙区の定数と比例選の定数の見直しなどいくつかの要求を行い、歩み寄る姿勢を見せた。その中には、政党交付金の支給と同時に廃止されるはずだった企業・団体献金の条件つきの維持なども含まれていた。選挙制度改革が実現できなければ退陣すると表明し、背水の陣を敷いていた細川も必死だった。連立政権の最大勢力である社会党が小選挙区制に後ろ向きだったこともあり、社会党出身の衆議院議長・土井たか子の斡旋で実現した河野とのトップ会談で成案を得られなければ、自らの進退に直結するだけでなく、小選挙区制導入も危うくなる。細川は河野の要求をほぼ丸吞みし、河野も合意の中身にこだわるより、合意に達することを優先した。

この結果、自民党の政治改革大綱に盛り込まれていた地方分権や政党法制定は議論の俎上にものせられなかった。2023年になって「リクルート事件以来の政治とカネのスキャンダル」と称される自民党の主要派閥の裏金づくり問題が明らかになった際、その温床と批判された政治資金パーティーも、1994年の政治改革の妥協の中で野放しにされたものだ。

衆議院議長となって自民党籍を離れる前後から、河野は小選挙区比例代表並立制度に対する厳しい意見を口にするようになる。河野の「反省」は多くの人が知るところとなり、2023年のヒアリングでの河野の発言に対する意外感は、出席者にはなかった。

これに対し細川が、政治改革ブームの本質的な目標と考えられていた「政権交代可能な2大政党制」まで否定する態度には、「失望した」と漏らす野党議員もいた。

公平を期すなら、細川は首相に就任する前から「穏健な多党制」を唱え、首相になってからも、将来の方向性として「穏健な多党制」が望ましいと語っていた。そのことを記憶している現職議員は、ほとんどいなかったのだろう。もともとは、有権者が1票ではなく複数の票を持つ「中選挙区連記制」を考えていた細川だが、小選挙区制中心の選挙制度を推進したのは、「これ以上、自民党が政権の座にとどまるのは望ましくない。そのためには、小選挙区制の方が政権交代が起きやすい」と考えたからだ。

細川は2011年の取材に対し、小選挙区比例代表並立制の「使命は終わった」と明言し、選挙制度を見直すことができるなら、中選挙区連記制が「望ましい」と口にしたこともある。この時は、中選挙区連記制のアイデアを記事に書くことについて細川が強い難色を示したため、幻の「細川案」となっていた。

それから12年を経て、細川が一転、小選挙区比例代表並立制を前向きに維持する考えを示したのは、河野に続いて細川まで選挙制度の抜本改革を言い出せば、30年前の政治改革そのものが否定されてしまうという思いがあったのだろう。

進まなかった選挙制度改革

バブル崩壊後の長期低迷に対し、日本では「失われた10年」という言葉が定着した。それが「失われた20年」「失われた30年」となる間、日本が手をこまぬいていたわけではない。この間、数々の原因と処方箋が示され、多くの分野で改革が進められてもきた。

その中で、手つかずか、小手先の対応に終始した分野の一つが、選挙制度だ。小選挙区で勝つためには、「必要でも不人気なことは言わないか先送り」し、「人気がありそうな政策は財源のメドがなくても打ち上げる」という大衆迎合のポピュリズムに陥りやすい。

パフォーマンスが得意で人気もあった小泉純一郎の5年半の首相在任中、小泉とは蜜月関係にあるとも言われた財務省の中からも「財政規律を維持するには、消費税増税を急がなければならないのに、小泉首相は全くやる気がない。人気もある長期政権でさえ消費税率を引き上げられないとなれば、他の政権には無理だ」という怨み節が頻々と漏れてきたものだ。

2009年に民主党が政権を奪取した時も、政策の財源や数値目標を明確に示す「マニフェスト（政権公約）」を掲げながら、実際には実現性の乏しい財源捻出策や数値目標を盛り込んで挫折し、有権者の失望と不信を買うことになったのは、ポピュリズムの弊害を端的に示した例だ。

ポピュリズムによって、少子高齢化と人口減に対する取り組みをはじめ、負担増や給付減につながる政策は先送りされ、先送りのツケや人気取りの政策に必要な財源は赤字国債の際限ない増発で賄う政治が常態化した。小選挙区制がポピュリズムの温床になったという点で、選挙制度の見直しができなかった30年は、日本の長期低迷と結びつく。

2大政党制を目指したのに多党化が進み、自民党1強、野党多弱の粗っぽい政治状況を固定化する背景になったという問題も、小選挙区比例代表並立制にはある。「死に票」の多さや「懲罰投票」の機能不全によって、有権者は自分の1票が生かされていないという感覚を募らせるようになった。

実際、中選挙区制時代の総選挙の投票率と比べ、小選挙区比例代表並立制での総選挙の投票率は、「劇場型選挙」と呼ばれた2005年の「郵政解散」や、自民党から民主党への政権交代が確実視された2009年の「政権交代選挙」の熱狂を除くと、長期低下傾向が見られる。

この点についても細川は楽観的で、「郵政解散」や「政権交代選挙」を念頭に、選挙が盛り上がる案件や状況があれば投票率は上がるものだと意に介さない。しかし、中選挙区制の時の衆院選では投票率が70％を超えることが珍しくなかったのだから、小選挙区比例代表並立制で50％前後まで落ち込んだのは「政治参加」という観点からすると深刻な問題だと言わざるを得ない。

諸外国の高投票率のわけ

諸外国を見ると、オーストラリアのように投票を義務化している国もある。棄権すると日本円で約2000円の罰金が科されるため、オーストラリアの国政選挙での投票率は90％を超える。投票の義務化だけでなく、小選挙区制を採用しているオーストラリアは、「プレファレンス（優先順位付き）投票」制を導入していて、有権者は候補者を1人選ぶのではなく、決められた数の順位を候補者につける。自分にとって1番の候補が落選しても、2番をつけた候補が当選するかもしれない。少なくとも、自分の1票が無駄になったという感覚は減じられる。

スウェーデンのように、投票権を獲得する前の若者に対して有権者教育を広く行うことで、義務投票ではないのに投票率がコンスタントに80％を超える政治参加意識が高い国もある。

ロシア大統領のウラジーミル・プーチンは、2014年にウクライナのクリミア半島を占拠してから4年後の2018年大統領選で4選を目指した際、「投票率、得票率（有権者総数ではなく、投票総数に占める得票数の割合）とも70％以上」を目標に掲げた。国民の「圧倒的な支持」を得て、2022年2月に始めたウクライナ侵略への基盤固めをしようとしていたと見ることもできる。

投票所には銃を持った兵士が立ち、プーチンへの投票を強要するかのような異様な光景の中で行われた大統領選で、プーチンは得票率こそ目標を上回ったものの、投票率は68％にとどまった。

ウクライナ侵略の開始から2年が過ぎた2024年3月、自身の5選が確実視されていた大統領選で、プーチンは得票率80％以上、投票率70％以上の目標を掲げた。その結果、ロシア中央選挙管理委員会の発表によると、得票率は87・28％、投票率は77・44％と、いずれの目標も達成した。欧米諸国は選挙が公正、公平に行われなかったとの見方を示したが、投票率に関して言えば、投票期間を3日間にしたり、地域によっては投票する人に「宝くじ」を付与したりして、銃だけではなく、あの手この手で70％以上の実現を目指していた点が興味深い。ウクライナとの戦争での勝利のために、さらに多くの兵力を動員しなければならないプーチンにしてみれば、より多くの国民が参加した大統領選で8割超えの支持を得たという「圧倒的多数の国民が参加した選挙での圧倒的な勝利」という「物語」が必要だったからだ。

独裁者と化したプーチンですら有権者を投票所に向かわせることに四苦八苦したのだから、かつては衆議院選で当たり前のように70％を超える投票率を記録した日本の有権者の政治参加意識は高かったと言える。だとすれば、投票率の長期漸減傾向は、政治の無策がもたらした産物だったと言えないだろうか。

投票率の低下に伴い、小選挙区制の「死に票」の問題が、一層深刻に考えられるようになった点も見逃せない。

小選挙区制は「死に票」の多さゆえ、相対的に低い得票でも多くの議席を得られる「得票数と議席数の乖離」が起きやすい性質がある。かりに有権者１００人の小選挙区があったとする。そこに4人が出馬し、1位の得票率が26％、2位以下が25％、25％、24％だった場合は、74％の票が「死に票」になる。投票率が50％だと13票で当選できる。

右傾化のイメージが強く出てくる要因の一つにも、選挙制度がある。必ず投票所に行く自民党の岩盤支持層の力は、投票率が下がるほど大きくなる。岩盤支持層の存在を自民党議員が確信しているのは、第3章で取り上げたように、「保守右派」の政策を進めた小泉政権や安倍政権では、自衛隊の海外派遣、「モリカケ問題」、集団的自衛権の行使に関する憲法解釈の変更など、国民全体で見ると不人気な政策を進めた時や、政権への不信や疑念が高まった時でも、びくともしない自民党支持層が有権者全体の2〜3割いることから推察できるからだ。そんな岩盤支持層の歓心を買うため、もともと政策理念では中道の若手議員が、あえて「保守右派」を装う現象は、自民党では珍しくない。

1996年から2021年まで、小選挙区比例代表並立制で行われた9回の総選挙で、比較第1党（2009年のみ民主党、ほかは自民党）の得票率はおおむね3割で推移している。投票率の低下により、岩盤支持層のありがたみは増す。「リベラル派」の考えを持っている自民党候補にしても、「保守右派」の不興さえ買わなければ当選確率は高まるから、選挙ではリベラル色を抑えるような主張になる。LGBT理解増進法の成立に尽力した自民党議員も、街頭演説などであえて同法に触れることはない。2023年G7広島サミットに向け、同法の成立を期すよう自民党に指示した岸田も、サミットが終わった後は、この話題を口にする機会は極めて少なくなっている。

「平成の政治改革」の限界

細川と河野が選挙制度改革で最終的な合意に達し、合意文書に署名したのは1994年1月29日の未明だった。二人は、普段はほとんど使われていない衆議院の講堂で、同じペンを使って合意書に署名した。国会議事堂の外では、雪が舞い始めていた。

選挙制度を変えるには、大きなエネルギーが要る。深夜に及ぶ与野党協議が日常茶飯事だった選挙制度改革をめぐる攻防に終止符が打たれることへの感慨からか、雪の永田町は不思議な高揚感に包まれ、政治家もメディアも、改革の中身がもたらす弊害に思いを巡らせることはなかった。

それはやがて、国民全体から見れば少数派であるはずの岩盤支持層の存在感を高め、リベラルや「ハト派」が保守本流を自任していた1990年代までの自民党の姿を少しずつ変えた。2000年代に入ると、かつては自民党の非主流派だった「保守右派」「保守タカ派」が主流となり、その規模はどんどん大きくなっていった。2012年から約8年の長期政権を担い、「保守右派」のイコンだった安倍晋三の出身派閥である清和政策研究会（この間の派閥会長は元外相の町村信孝から元自民党幹事長の細田博之に受け継がれ、安倍が首相の座から退き、細田が衆議院議長に就任すると安倍派となった）には、選挙基盤が確立していない若い政治家ほど「寄らば大樹の陰」と集まってきた。

この結果、歴史認識問題や外交・安全保障政策をめぐり、清和政策研究会の一部の強硬な「保守右派」「タカ派」の主張が、自民党を代表する声として響きわたるようになった。2023年暮れから2024年春にかけて、自民党の主要派閥、とりわけ安倍派の政治資金パーティーの売り上げをめぐり、組織的で悪質な裏金づくりが常態化していたことが明らかになるまでは——。

「平成の政治改革」から30年を経て噴き出した「政治とカネ」の問題に、「令和の政治改革」

が必要だとする声が高まり、30年前の改革の理念、成果、実態が検証され、課題の多くが手つかずであることが明らかになった。その過程で、「日本の右傾化」と呼ばれる政治状況もまた、30年前の改革に起因することを再認識できる。改革の効果を不断に見直すことなく、少数の声が多数派に見える仕組みを放置したことが、日本は右傾化しているという誇張されたイメージを定着させてきたのではないだろうか。

第9章 岸田政権と保守右派

小泉純一郎政権での首相の靖国神社参拝、日朝首脳会談を契機として、安倍晋三の長期政権の間、衆議院の小選挙区比例代表並立制という選挙制度の特質も手伝って、「日本の右傾化」という見方が広がった。安倍の病気退陣で後継首相となった菅義偉の施政でも、来歴からすれば「保守リベラル派」の政治家だったにもかかわらず、安倍内閣で約8年も官房長官を務めたことで、菅は安倍路線を継承していると見られた。菅が新型コロナウイルスの感染拡大への対応で行き詰まり、わずか1年余で首相の座から降りると、安倍とは政治理念で対極にあると見られた岸田文雄が自民党総裁・首相となった。

右傾化を考えるうえで、岸田政権はユニークな存在だ。自民党内の「リベラル派」を代表する宏池会の会長を務めながら、岸田は首相に就任すると、安倍も実現できなかった防衛費の大幅増額による対国内総生産(GDP)比2%超えをはじめ、「保守右派」にも歓迎される政策を次々と「ハードルを飛ぶのではなく、くぐるように」(岸田側近)実現した。一方で、LGBT理解増進法の制定などでは「保守右派」の一部を怒らせもした。一体、岸田の軸足は「保守右派」にあるのか「リベラル派」に置かれているのか。

「保守右派」側の陣取り合戦は混沌としている。野党でも日本維新の会が保守票の取り込みを狙って自民党より「右」の立ち位置をとり、民主党に源流のある国民民主党もリベラルより保守をターゲットにするようになった。新興政党の参政党は、日本維新の会よりも更に「右」のスタンスをとった。参政党は2020年に元大阪府吹田市議の神谷宗幣、元衆議院議員の松田学らが結成、いわゆる「自虐史観」に対抗する「自尊史観」を学校教育に導入するよう訴え、外国人参政権には反対、新型コロナウイルスの感染拡大への対応ではマスク着用の義務づけを批判して着用の判断は個人に委ねるよう求め、ワクチン接種に関しても健康に対する危険があるなどと主張し、「陰謀論」を信じる組織だとする受け止め方もなされながら、2022年参議院議員選で議席を獲得した。また、安倍政権の途中までは自民党を支持しながら袂を分かった作家の百田尚樹らが、日本保守党を結成して次の国政選挙に向けて活動を始めたことも話題を呼んだ。

第9章からは、岸田政権発足から「安倍亡き後」の自民党の「保守右派」の漂流や、自民党より「右」から勢力拡大を図る若い政党の実態を見ていく。その作業を通じ、「保守右派」と「リベラル派」のパイの大きさは劇的には変わっておらず、どちらにも属さない無党派層の振り子が動くことによって、右傾化を感じたり、「左」への揺り戻しがあったかに見えたりする実態を探っていく。

菅義偉以降の総裁選

2021年の自民党総裁選は、自民党内のイデオロギーの重心が所属政治家の政治信条ではなく、選挙での有利、不利を基準に変わっていくことを示すものだった。

前任の安倍が第1次政権と同じように病気を理由に退陣したことによって緊急登板となった菅は、形式的にも実質的にも所属する派閥のない無派閥だった。無派閥の政治家が自民党総裁になったのは初めてで、旧態依然の派閥政治からの脱却への期待感や、第2次安倍政権以降の約8年にわたり官房長官を務めた経験から来る安定感もあり、安倍の「残り任期」の満了に伴う2021年9月の総裁選に出馬し、新たな任期を目指すことは既定路線だと思われていた。

菅は、衆議院初当選から一貫して無派閥だったわけではない。かつては小渕恵三が派閥領袖だった時の平成研究会に所属し、梶山静六を政治の師と仰いだ。梶山は先の大戦時には陸軍士官学校で学び、自身の戦争体験もあってイデオロギーの面では「反戦リベラル派」と見られた政治家だ。平成研究会の前身である経世会（竹下派）では小沢一郎、羽田孜、奥田敬和、渡部恒三、小渕、橋本龍太郎とともに「7奉行」と呼ばれ、将来を嘱望された梶山の国会対応での駆け引きの巧みさや、戦争を知る世代ならではの政治理念の説得力に、菅は心酔した。

梶山が小渕と袂を分かって1998年の自民党総裁選に立候補すると、菅は梶山とともに小渕派を離脱して無派閥となり、梶山が敗れた後は、梶山の助言もあって加藤紘一が率いていた宏池会に短期間、籍を置いた。こうした来歴は、菅がしばしば「リベラル派」と見られる根拠となっている。

安倍のもとで約8年も官房長官を務めたことで、菅の政治理念に関するイメージは、安倍の

「保守右派」色にひきずられることも多かったが、首相になった後の菅の政権運営は、安倍の期待を裏切る場面が多かった。

安倍が退陣にあたり、ミサイル防衛の有効性を高めるため、日本を標的にミサイルを発射した「敵」のミサイル発射基地に反撃を加え、次の攻撃を許さないようにする「策源地攻撃能力」を自衛隊に持たせることを次の首相の課題として託したが、菅がこれを検討するそぶりも見せなかったのは、その最たる例だろう。菅は安倍が目指した憲法改正についても目立った動きを見せず、「保守右派」の間では不満がくすぶった。

「保守右派」が菅を評価したことと言えば、2021年4月16日にワシントンで行われた米大統領ジョー・バイデンとの日米首脳会談での共同声明に、「台湾海峡の平和と安定の重要性」を明記したことぐらいだった。日米首脳会談の成果文書で台湾海峡情勢に触れたのは、日中国交正常化以前の1969年に行われた佐藤栄作とリチャード・ニクソンの首脳会談以来のことで、中国の振る舞いを嫌い、中国が台湾を武力で統一しようとする「台湾有事」に警鐘を鳴らす「保守右派」は溜飲を下げたものの、菅のリベラル色に対する警戒感を払拭することはできなかった。

安倍を支持した「保守右派」の取り込みに不安を抱えながら、安倍の「残り任期」が満了する2021年9月をにらんで、菅には三つの選択肢があった。一つは、自民党総裁選の前に衆議院解散・総選挙を行い、自民党を勝利に導き、「無投票での再選」を図る道。二つ目は、まず総裁選で勝利した後に、その勢いを駆って衆議院解散・総選挙を行う道。衆議院議員の任期満了が2021年10月21日に迫っていたという特殊事情もあって、衆議院解散・総選挙を打てる日程は限られてもいた。そして第三の道が、総裁選への出馬を断念し、新しい総裁のもとで総選挙に臨むというものだった。

結局、新型コロナウイルスの感染再拡大に政権運営の足をとられていた菅は、感染拡大が落ち着き始めるまでこらえきれず、第三の道を選択した。

菅の後任を決める総裁選で岸田は、国民人気の高かった元外相の河野太郎（麻生派）や、安倍を信奉する「保守右派」の急先鋒の衣をまとった元党政務調査会長・高市早苗（無派閥）、「中道リベラル派」の元党総務会長・野田聖子（同）の3人と争う展開になった。

この総裁選の構図をイデオロギー的に色分けすると、「保守右派＝高市」対「リベラル派＝岸田、河野、野田」の1対3だったと言える。

菅内閣の支持率低下に悩まされていた自民党には、河野の人気に頼りたいという声も少なくなかった。実際、総裁選で河野は、一般の党員投票でトップとなる。

ただ、河野には、父で自民党総裁を務めた河野洋平譲りの「リベラル左派」的な志向があった。具体的には、「反原発」の訴え、選択的夫婦別姓の支持、女系天皇への理解などだ。歴史認識でも、河野は慰安婦問題をめぐり、韓国人女性らの自発的意志ではなく日本軍が無理やりに働かせたとする「強制性」があったと言い切った1993年の「河野洋平官房長官談話」に関する丁寧な説明を、自身のホームページに掲載している。慰安婦問題に関する立場を明らかにしているわけではないが、これも慰安婦問題で強制性を示す証拠はないとする「保守右派」が河野太郎を「リベラル左派」と見なす根拠になった。

河野は2021年の総裁選では、こうした主張を封印し、支持拡大を狙ったものの、積年の主張に蓋をすることは、逆に、河野の政治姿勢を評価してきた「リベラル派」には失望感をもたらした。

政策面に加えて、一般党員の間では高かった河野の人気が国会議員の間で伸び悩んだ理由は、ほかにもあった。根回しを十分にしないままSNSなどを通じて発信し、永田町や霞が関を慌てふためかせる河野の「予測不能性」だった。

予測不能性を象徴する出来事としては、河野が防衛相を務めていた時、既に配備先まで決まっていた自衛隊の陸上配備型迎撃ミサイルシステム（イージス・アショア）の計画を突然、白紙に戻してしまったことが挙げられる。防衛省が配備先候補の一つとしていた秋田県の山岳の地形に関して誤った情報をもとに迎撃ミサイルの落下予測などを計算していたことが、河野が計画を白紙撤回した直接の理由だった。その判断の是非が問われる以前に、河野は当時の首相だった安倍に対する根回しも不十分で、システムの配備や運用に深くかかわる米国防総省や、イージス・アショア用のレーダーシステムの開発・生産を受注していたロッキード・マーティン社にも衝撃が走った。政治家の予測不能性は、米国の歴代政権がずっと警戒してきたもので、国防関係者の間では河野の日本のリーダーとしての資質に対する疑念が広がった。

　高市は第1次安倍政権の頃から安倍との思想信条の近さをアピールし、安倍自身も高市をバックアップしたことで、「保守右派」からの票が見込まれた。ただ、安倍の高市に対する支持には、4候補の中で安倍と政策理念的にも政治手法の面でも最も遠かった河野を当選させまいとする思惑が働いてもいた。

　当初、「ポスト菅」の総裁選の構図は、岸田対河野の一騎打ちになるとの見方が多かった。その場合、国会議員票では岸田が河野を上回っても、党員票で河野が岸田を大きく引き離すことができれば、勝敗は決する。しかし、そこに第3の有力候補を参入させれば、誰も5割以上の票を得られず、決選投票になだれ込む可能性が高くなる。そうした展開になった場合、所属議員が100人規模となった最大派閥の安倍派の力がものをいい、河野が総理・総裁になることはなくなる。そんな計算が、安倍には働いていた。

　もちろん、高市は単なる「捨て駒」ではない。河野と岸田の一騎打ちとなれば、「リベラル派」同士の争いになる。安倍の長期政権を支えてきた「保守右派」の不在は、岩盤支持層の自民党離れにもつながりかねない。その意味でも、高市を推す意義は、安倍にとって大きかった。

　国会議員20人の推薦人獲得に四苦八苦していた野田にも、野田の前夫である参議院議員・鶴保庸介（二階派）の奔走もあって二階派から8人の推薦人が加わり、自民党史上初めて、複数の女性候補が立候補する総裁選が実現した。初の女性首相誕生に期待する票が高市と野田で割れることになったのも、結果として岸田に有利に働いた。

岸田は、「リベラル派」の候補3人の中で差別化を図ろうと、菅が後ろ向きだった策源地攻撃能力を前向きに検討することを打ち出した。大方は高市に流れるであろう「保守右派」の票を、少しでも取り込もうという発想だった。

2021年9月29日、東京・高輪のグランドプリンスホテル新高輪で自民党総裁選の国会議員投票と開票が行われ、事前に確定していた全国の党員・党友による票との合計が第1回投票の結果として発表された。トップは岸田の256票で、国会議員票が146、党員票も110と3桁に乗せた。2位は河野の255票（国会議員86、党員169）、次いで高市の188票（国会議員114、党員74）、野田は63票（国会議員34、党員29）だった。決選投票は国会議員と都道府県支部連合会代表によって行われ、岸田が257票（国会議員249、都道府県8）で河野の170票（国会議員131、都道府県39）を圧倒し、新総裁に選ばれた。第1回投票の有効投票総数762票のうち、「保守右派」の高市が獲得したのは約25%だった。

この数字をもって、ただちに「自民党の『保守右派』は、党内でも4分の1程度の勢力でしかない」と結論づけるのは、正確ではない。岸田が策源地攻撃能力の検討など「保守右派」を意識した政策を公約に打ち出したり、河野がリベラル色の濃い政策を封印して支持を訴えたりしたことで、「保守右派」の一部が岸田、河野に流れた可能性があるからだ。

逆に、自民党内で待望論が高まっていたわけではなかった岸田の勝利をもってして、「リベラル派の復権」とも言い難い。

第一に、この総裁選のタイミングは衆議院議員の任期満了間近で、誰が総裁になったとしてもただちに総選挙に突入できる「タイミングのメリット」があった。必ずしも「人気者」をトップにしなくても、党の「顔」が改まれば雰囲気は変わる。その空気が消えないうちに必ず総選挙があるのだから、党勢の大幅な後退は防げるという確信が、自民党の衆議院議員の間にはあった。

岸田が、安倍や菅に「政権運営が独善的」という印象がつきまとっていたことを意識して、「聞く力」を訴える戦略をとったことも、イデオロギーではなく政治手法を総裁選の争点にするという意味で成功した。物腰や語り口が穏やかな岸田を担ぐことで政権の手法が変わったとアピールできるという「選挙本意の計算」は、自民党議員の態度に影響を与えた。河野とは対照的に、岸田のオーソドックスな政治スタイル（少なくとも、この時点ではそう思われていた）がもたらす「予測可能性」と、岸田が会長を務める宏池会は安倍派、茂木派、麻生派に次ぐ第4派閥で、各派のバランスに配慮しないと政権運営が難しいという「弱さ」が、党所属議員に警戒感を与えない「強み」に転じた面もあった。

元来、名望家や官僚出身者によって作られた自民党は、日本の共産化を防ぐという一点を最大の共通項にして、「保守」という大枠の中で「右派」から「リベラル左派」まで幅広い人材が同居していた。冷戦が終結し、共産化の心配が薄らぐにつれ、行動原理の比重はイデオロギーよりも「いかに選挙に勝つか」に移った。

選挙に勝つという観点からすれば、安倍・菅による約9年に及ぶ統治が国民の間にもたらした「飽き」、安倍政権で内閣支持率低下を招いた「モリカケ問題」や「桜を見る会」の騒動、菅が日本学術会議の新メンバーを同会議の推薦通りに任命しなかった判断に対する「強権的」との批判は、次の国政選挙で自民党が勝つためにはイメージの刷新が必要であることを示していた。自民党の右傾化の実態も、安倍の長期政権の間はそれが選挙に勝つために有利なポジションだからという側面が大きく、安倍・菅の政治手法との違いを出すことが得策だと考えれば、「リベラル派」の岸田を担ぐことに、何の痛痒も感じない。

その意味で、岸田が「ポスト菅」の自民党総裁・首相の座を獲得できた最大の要因は、岸田のイデオロギー的な立ち位置とはほぼ無縁だったと言っていい。

首相に就任した直後の読売新聞の緊急世論調査で、岸田内閣の支持率は56%と、菅内閣としての最後の支持率31%から大きく反転上昇した。それは、新首相に対する期待によって底上げされる「ご祝儀相場」としてはそれほど高いものではなかったにせよ、自民党は一息つくことができた。

揺らぐ立憲民主党

岸田が自民党総裁の座に就いた総裁選のすぐ後に行われた2021年の総選挙の結果には、

永田町や日本社会のイデオロギーの重心がどの辺りにあったのかをうかがわせる側面があった。前回の2017年総選挙と比べ、「右寄り」のスタンスを取る野党が一定の存在感を示し、予想に反して自民党の議席減が少なかったことだけをとらえて「やはり日本は右傾化している」と見るのは早計だ。実態は、野党第1党の立憲民主党が共産党と選挙協力を行ったことで、穏健な「中道リベラル派」が行き場を失い、相対的に「右」の勢力が拡大したように見えたからだ。

岸田が自民党総裁に就任したのは2021年10月4日で、衆議院議員の任期満了まで2週間余しかなかった。岸田は14日に衆院を解散し、総選挙の公示日は解散から5日後の19日とし、投開票日を31日に決めた。首相就任から総選挙期日までの期間は、史上最短の27日間となった。過去、総選挙の間隔が、衆議院議員の任期である4年以上空いた前例はないという事情と、低めとはいえど「ご祝儀相場」の効果が残っている間に総選挙を済ませたいという岸田の心情が、窮屈な日程をもたらした。

選挙結果は、事前にメディアや評論家の間で予想された自民党の30～40議席以上減といった見通しとは裏腹に、公示前からの減少は15議席にとどまった。もともと議席数が多かったから、この程度の議席減の影響は小さい。自民党は衆議院での単独過半数ラインを大きく上回っただけではなく、衆議院の全ての常任委員会で委員長ポストを得たうえで、全ての常任委員会で過半数を占めることのできる「絶対安定多数」(261議席)を確保した。自民党と連立政権を組む公明党も32議席を獲得し、公示前の29議席から3議席増やす堅調な戦いぶりだった。

対照的に野党は、公示前勢力（11議席）を3倍以上に増やす41議席を獲得した日本維新の会を除けば、選挙協力態勢を組んだ5党は、立憲民主党96（公示前より14議席減）、国民民主党11（同3議席増）、共産党10（同2議席減）、れいわ新選組3（同2議席増）、社会民主党1（公示前と同じ）と振るわなかった。

予想外の結果になった背景には、野党5党の共闘効果が、共産党に対する警戒感、抵抗感によって減じられたことがある。

「立憲民主党は、いつから『立憲共産党』になったんでしょう」

総選挙の最中、全国各地で自民党候補の応援のために街頭演説に立った副総裁の麻生太郎は、こう繰り返した。立憲民主党が比較第一党になる勝利を収めれば、立憲民主党と共闘態勢を組んだ共産党は「閣外協力」ながら事実上の政権入りをする。そう麻生は強調し、立憲民主党政権ができた場合、政策面では共産党に支配されると示唆して、有権者の不安をあおったのだ。自民党幹事長の甘利明も「共産党が意思決定に直接関与する政権は、今まで日本にはなかった」と訴えて回った。

もっとも、麻生も甘利も、ネガティブキャンペーンの効果に、はじめから自信があったわけではない。有権者の間では、かつてのような共産党に対する強い忌避感、アレルギーは薄れていて、残っていたものは「漠然とした不安」だったからだ。

「漠然とした不安」の理由は、かつての共産党にまとわりついていた暴力による革命、外からは見えない排他性、自由な経済活動が許されないといった大雑把な理解から来る「怖い組織」という印象の名残から来るものだった。

欧州各国では冷戦終結後、共産党を名乗っていた政党が次々と党名を変更するようになり、共産主義を前面に出さない選挙戦略を展開していたのに対し、日本共産党は党名変更を一貫して否定した。公安調査庁は今も共産党を「破壊活動防止法に基づく調査対象団体」として、監視を続けている。その理由は、「共産党は、第5回全国協議会（1951年）で採択した『51年綱領』と『われわれは武装の準備と行動を開始しなければならない』とする『軍事方針』に基づいて武装闘争の戦術を採用し、各地で殺人事件や騒擾（騒乱）事件などを引き起こし」ていて、「武装闘争を唯一とする戦術を自己批判」したものの「革命の形態が平和的になるか非平和的になるかは敵の出方によるとする『いわゆる敵の出方論』を採用」している以上、暴力革命に走る恐れがあるというものだった。

2021年総選挙で立憲民主党が共産党との共闘路線に踏み出したのは、共産党に対する有権者の「漠然とした不安」がもたらす得票減の効果が、共闘によって期待される集票効果を下回ると判断したからだ。衆議院の小選挙区あたり約2万票を動かせると言われていた共産党の「基礎票」を野党統一候補が取り込めば、自民党候補を支えている公明党・創価学会の小選挙区あたり約2万票とされる基礎票を相殺し、互角の戦いに持ち込めるという計算だった。

自民党のネガティブキャンペーンに対し、共産党は総選挙が間近に迫った2021年9月8日の第3回中央委員会総会で、『敵の出方』という表現は使わない」との方針を確認した。立憲民主党代表の枝野幸男も「少なくとも、今、共産党が暴力革命を目指しているとは全く思っていない」と側面支援を行い、総選挙での共闘路線に亀裂が入らないよう腐心した。

与党側は、内閣官房長官の加藤勝信が9月14日の記者会見で「共産党の暴力革命の方針に変更はないと認識している」との見解を示すなど、ネガティブキャンペーンを継続した。

この頃の政党支持率を読売新聞の世論調査で振り返ると、自民党36%に対し、立憲民主党は7%、共産党は3%にとどまっていた。自民党のネガティブキャンペーンに一定の効果があったことは、間違いなさそうだ。

野党5党の統一候補が擁立されたのは、213選挙区。このうち、160選挙区では立憲民主党の候補に、39選挙区では共産党の候補に、野党候補は一本化された。読売新聞社と日本テレビ系列各局は国政選挙の度に、投票を終えたばかりの有権者に誰に投票したのか、日頃はどの政党を支持しているのかなどを尋ねる出口調査を行っている。

共産党と選挙協力を行った立憲民主党の支持層の投票行動を出口調査から分析してみると、立憲民主党候補に一本化された160選挙区では、立憲民主党支持層の90%が統一候補に投票し、共産党支持層の82%も加わっていた。ところが、共産党候補に一本化した39選挙区では、共産党支持層の80%が統一候補に投票したのに対し、立憲民主党支持層で統一候補に投票した比率は46%にとどまった。野党共闘に背を向けた立憲民主党支持層の票の20%が自民党候補に、11%は日本維新の会の候補に流れていた。

立憲民主党で若手に選挙の戦い方を指南していた小沢一郎や中村喜四郎ら、かつては自民党に所属した保守系の大物政治家が小選挙区（小沢は岩手3区、中村は茨城7区）で敗れ、ともに比例代表との重複立候補による復活当選で救われたのも、自民党のネガティブキャンペーンと無関係ではなかった。

通常は政権与党に対する厳しい姿勢が見られる無党派層の動向を比例代表選で分析すると、最も多かった投票先は立憲民主党の24%だったのに続き、自民党21%、日本維新の会19%、国民民主党9%、共産党7%、公明党6%、その他14%となっていた。

その前の安倍政権下の２０１７年総選挙での出口調査では、無党派層の30%が結党直後の立憲民主党に投票し、日本維新の会は9%にとどまっていたことと比較すると、２０２１年は政策理念的には保守側に立つ日本維新の会が無党派層の支持を大きく伸ばした分、立憲民主党に対する支持が減ったように見える。ただ、２０１７年総選挙の時の事情は、２０２１年とは大きく異なる。２０１７年には東京都知事の小池百合子が、同年の東京都議会議員選で小池都政を支える「都民ファーストの会」が躍進した勢いを駆って、総選挙の実施直前に民進党代表の前原誠司らと新党「希望の党」を結成したからだ。

立憲民主党は、小池に新党への参加から「排除する」と言われた枝野をはじめとする民進党の「リベラル左派」が結成したもので、真っ先に動いた枝野の「個人党」の趣さえあった。2017年に立憲民主党に投票したと答えた30％の中には、枝野らへの同情もあったと見られる。一方で、希望の党に投票した人も22％いて、立憲民主党、希望の党のいずれも、自民党を投票先とした無党派層19％を上回る。2017年に立憲民主党と希望の党が吸収した無党派層の52％のうち、中道リベラルを標榜した希望の党を投票先とした人々が、2021年総選挙の時点では既に姿を消していた希望の党の代わりに日本維新の会や、民進党を源流とする国民民主党などを投票先にしたり、岸田政権に飽きたらない「保守右派」の票が日本維新の会などに流れたりした可能性もありそうだ。

詳細に見ると、2017年総選挙で自民党と日本維新の会を投票先にした無党派層の合計は28％で、これが2021年には12ポイント上昇して40％になったのに対し、2017年は希望の党と公明党で合計で28％あった無党派層の中道政党支持は、2021年になると国民民主党と公明党の合計で13ポイント減の15％になる。この減り幅は、自民党と日本維新の会の増え幅とほぼ同レベルだ。また、2017年に安倍が率いた自民党を投票先とした無党派層は19％だったのに対し、2021年総選挙では岸田を総裁に選出したばかりの自民党が無党派層の21％を惹き付けていた。わずかとはいえ自民党が無党派層の支持を広げた背景には、岸田のリベラル寄りの政治家像が作用していたと見ることもできる。

立憲民主党と共産党の共闘や希望の党の消滅で行き先を失った中道リベラルの一部を、「保守右派」の日本維新の会などが吸収したとしても、それはイデオロギーの面での右傾化というより、政権批判票の受け皿となる政党の不在、多党化によって生じた現象と見た方が整合性がある。

「岸田色」をどう出すか

岸田がイデオロギーの影響をそれほど受けずに自民党総裁に就き、直後の総選挙でも「保守右派」と「リベラル派」のパイの奪い合いに悩まされなかったのは、安倍や菅の退陣に至る経緯の「反作用」と、総選挙のタイミングに助けられた面が大きかった。岸田の真価が問われるのが2022年7月の参議院選であることは、岸田自身も周辺も自覚していた。

岸田がこの参議院選に向けて何を意識していたかは、参議院選で自民党が圧勝した後の人事構想から透けて見えた。

この参議院選では、最終盤の応援演説中に安倍が殺害される悲劇が起きる中、自民党は事前の予想を上回る大勝を果たし、関心は「安倍亡き後」の人事に移っていた。2021年総選挙に続く国政選挙の2連勝に、岸田周辺は「参議院選が終わるまでは政権安定を優先して『安全運転』に徹してきたが、ここからは違う」と逆にプレッシャーを感じていた。議席数では衆参両議院に安定した基盤ができたとはいえ、政策や政権運営で「岸田色」をより強く打ち出さなければ、かえって求心力を失うと考えていたからだ。

参議院選後、岸田の最側近の一人で自民党総務会長を務めることになる遠藤利明は、秋の臨時国会での内閣改造と党役員人事について、岸田にこう進言した。

「秋の人事では、財務相を誰にするかが最も重要です」

日本でも格差社会が重要な政治テーマになる中、安倍、菅の市場競争本位の新自由主義の経済路線からの修正を「新しい資本主義」として実現すると訴えてきた岸田にとって、その政策を具体化する最前線に立つ財務相の人選がカギになる——そう遠藤は考えた。新型コロナウイルスの感染拡大で落ち込んだ経済の立て直し、円安とインフレで物価高に苦しむ国民生活の支援という名目で、安倍派など「保守右派」からは、国債のさらなる発行による積極財政を求める声が高まっている。岸田が率いる宏池会などには、財政規律を重視する伝統があった。

おおらかな人柄で野心をむき出しにすることがない遠藤は、岸田派ではなく元自民党総裁の谷垣禎一を慕う議員で作った有隣会（谷垣グループ）と行動をともにしながら、ことあるごとに岸田から相談を持ちかけられる関係だった。いわば岸田の「精神安定剤」的な存在でもあったのだが、遠藤の提案に対する岸田の反応は冷ややかだった。

「大切なのは財務相ではなく、防衛相でしょう」

岸田には、安倍から託された策源地攻撃能力の検討や、菅が日米首脳会談で打ち出した台湾有事への備えに同調したことが、自民党総裁選や2021年総選挙の勝利の遠因だったという思いがあった。2022年の年末に「国家安全保障戦略」「国家防衛戦略」「防衛力整備計画」

の「安保3文書」の改定を控え、岸田は策源地攻撃能力を「反撃能力」と言い換えて「リベラル派」にも理解を求めつつ、防衛費と関係費を合わせ、それまでの歯止めとされてきた国内総生産（GDP）比1％を超え、2％にする方針も打ち出していた。2022年2月に始まったロシアによるウクライナ侵略が、将来の台湾有事に備えるために防衛力を強化すべきだという意識を有権者の間に広げたこともあり、岸田は経済政策で「岸田色」を打ち出すより、安全保障政策に力を入れることが求心力を高めると考えていた。

それればかりではない。自民党内の「保守右派」を抑え込むうえで頼りにしていた安倍を失ったことで、岸田が少しでもリベラル色を前面に出せば、「保守右派」からの突き上げを止められず、党内の力学が変わるのは避けられないという警戒感もあり、岸田は安全保障政策への傾斜を強めた。経済財政政策で安倍派と摩擦を起こすより、安全保障政策で「安倍のいない安倍派」を抱き込む方が、先々の政権運営にとってもプラスだという発想が岸田にはあった。

兼任で見せた幸福感

少し脇道にそれるが、岸田の安全保障政策への傾斜に関し、防衛官僚の中には「こと軍事になると『リベラル派』ではなく『保守右派』のように振る舞う」といった「岸田像」を抱く人々もいた。

そんなイメージが生まれたきっかけは、安倍政権当時の2017年7月28日、同年初めに発覚した防衛省・陸上自衛隊の「南スーダンＰＫＯ（国連平和維持活動）日報問題」の責任をとって当時の防衛相・稲田朋美が辞任した時の岸田の対応だった。日報問題は、海外派遣された自衛隊が活動を許される「非戦闘地域」ではなく、危険な場所で活動をしていたのではないかとの疑問に対する答えを確認し得る「日報」について、防衛省・自衛隊が「廃棄して存在しない」と虚偽の説明をしたものだ。

通常ならただちに後任が指名されるところを、既に8月3日に内閣改造を行う日程が公表されていたこともあり、安倍は新たな防衛相を内閣改造に合わせて決めることとした。それまでの間は「忙しくなさそうな閣僚に防衛相を兼務させればいい」と、安倍は考えていたが、内閣改造の日程を早々に公言していたことが災いし、多くの閣僚が任期を終える前の「思い出作り」のための海外出張などで東京を離れていて、兼務可能な閣僚は限られていた。

その時、自ら防衛相の兼務を買って出たのが、外相を務めていた岸田だった。安倍は短期間でも外相が防衛相を兼ねるのは外交安全保障にとって望ましくないと思いながらも、やむなく岸田に任せた。

「第16代岸田防衛相」の期間はわずかながら、朝鮮戦争休戦協定の記念日である7月27日前後に北朝鮮が弾道ミサイル発射などの示威行為を行う可能性が高いとの見方があり、日米韓3か国の当局者が警戒を強めていた時期でもあった。

案の定、北朝鮮は7月28日深夜に大陸間弾道ミサイル（ＩＣＢＭ）の発射実験を行った。ミサイルは北海道沖の日本の排他的経済水域（ＥＥＺ）内に落下し、政府は外交チャンネルでも北朝鮮に強く抗議しなければならなかった。岸田は外交、安全保障の両分野の責任者としてフル稼働した。

ミサイル発射後、岸田が高揚した表情で最初に駆けつけたのは、東京・市谷の防衛省だった。7月29日は土曜日ながら、岸田は防衛省・自衛隊幹部から終日、報告と説明を受けた。この時、ブリーフに同席した防衛省幹部は岸田の様子を「どこか嬉しそうだった」と振り返っている。岸田は報告と説明を受ける間、「一度、防衛大臣をやってみたかった」と軽口もたたいた。自衛隊の戦闘機や艦船などにも並々ならぬ関心を示し、ブリーフの対象は北朝鮮のミサイルにとどまらず、防衛政策から装備品のスペックなどにまで及んだ。防衛省・自衛隊幹部による岸田への説明は翌30日の日曜日も、朝から晩まで続いた。

こうした岸田の対応が、防衛省内で「岸田は軍事好きの『保守タカ派』ではないか」といった見方を広げた。もちろん、岸田が防衛政策や防衛装備品に意外なほどの興味を持っていたのは事実だとしても、それが安全保障政策の判断にどこまで影響していたのかは判然としないし、岸田を「保守右派」の政治家に分類する根拠としても弱い。

むしろ、ごく短期間の防衛相経験で浮かび上がった「岸田は『保守右派』」というイメージは上辺だけのものだった可能性が高いことは、２０２３年春から本格化した防衛装備品の海外移転の制限を緩和する与党内議論の過程で明らかになる。

自民党はロシアのウクライナへの侵略を受けるウクライナへの支援を念頭に、殺傷能力のある防衛装備品の輸出を条件付きで解禁する案を検討したが、連立政権を組む公明党の反対は強く、断念した。その後、兵器の部品に関する輸出規制の緩和などは進んだが、ウクライナ支援につながる政策変更ができないことに、北大西洋条約機構（NATO）諸国からも「日本のような大国が何もしないのは残念だ」といった声が、水面下で寄せられていた。その後、政府・与党は、ミサイル防衛に使われる迎撃ミサイル「パトリオット」をはじめ、米防衛産業からのライセンスを得て日本で生産している装備品を、ライセンス元国に輸出できる政策変更を行った。米国にパトリオットを送ることで、米国の在庫に余裕ができ、その分をウクライナ支援に回せることで「間接的支援」になるという苦肉の策だった。米国に日本製のパトリオットを輸出する場合、紛争地であるウクライナに「横流し」されることはないとの確約を米側から取り付けるとも説明した。

一連の防衛装備品輸出をめぐる政策転換の議論で、表向き慎重論を発信し続けたのは「平和の党」を自任する公明党だが、最も強い慎重論を唱えたのが岸田だった。岸田が懸念したのは、ロシアが日本の動きに激しく反発することや、戦後、紛争から距離を置いてきた日本の国家イメージが崩れることだった。国家安全保障局の幹部からは「防衛費の大幅増を決断した人物だとは思えない。失望した」といった声まで漏れた。ウクライナで不足していたパトリオットの調達を「直接」ではなく「間接」支援するアイデアも、岸田の防衛装備品輸出をめぐる政策変更に対するかたくなな態度に見切りをつけた官僚と自民党防衛族が考え出した「抜け道」のようなものだった。

「財務相より防衛相」

話を2022年の内閣改造・自民党役員人事に戻す。

岸田はこの内閣改造で、自ら最も大事な人事と言い切っていた防衛相に無派閥の浜田靖一を起用した。

岸田と浜田は1993年総選挙の当選同期で、消費者問題など防衛とは遠い政策分野で協力する場面が多かった。2度目の防衛相を引き受けた浜田には、2022年末の国家安全保障戦略など安保関連3文書の改定と、防衛費の増額という課題が待ち受けていた。

実は、自衛隊OBや安全保障の専門家の間での浜田に対する評価は、あまり芳しくなかった。2021年に民間研究機関「日本戦略研究フォーラム」が現職国会議員をまじえて初めて行った台湾有事の机上演習で首相役を任された浜田は、自衛隊OBらから「的確な判断ができない」と酷評され、翌年の机上演習では声もかからなかったほどだ。万事に鷹揚な浜田のスタイルが、危機対応に特化した演習の性格と合わなかったということだろう。

それでも岸田が浜田に最重要視していたポストを任せた理由について、岸田周辺はこう解説した。

「3文書改定も防衛費倍増も、首相官邸主導で行うと決めていたからで、防衛相には下手に独自色を出されるより、官邸の振り付け通りに動いてもらえる方が良かった。同期で仲が良いことが最大の決め手だった」

防衛相人事が大事だという岸田の言葉の真意は、「無用なトラブルを起こさない人物を選ぶ」ということだったようだ。有権者に対するアピールよりも、党内バランスや平穏を優先する「岸田流」人事のエッセンスが、浜田の起用ににじみ出ていた。

一方、岸田に「財務相より防衛相」と反論され、意外感をぬぐえないままの遠藤が2022年7月13日に訪ねたのは、元首相の森喜朗だった。遠藤と森とは、ともに若い頃にラグビーをしていた共通点もあり、スポーツ政策やスポーツ界に強い影響力を持つ「師弟」のような関係にあった。

参議院選の投開票日当日に体調不良で病院に搬送された森は、遠藤の顔を見て「安倍君が迎えに来たのかと思ったよ」とやつれた顔で語った。

既に政界を引退したとはいえ、安倍亡き後の安倍派に最も大きな影響力を持つのは、かつて清和政策研究会の会長を務めた森だった。内閣や党役員として重用すべき安倍派の人材を尋ねられた森は「今は誰か1人に絞ることはできない。この5人をしかるべきポストで処遇してもらいたい」と岸田への伝言を託した。

遠藤を通じて森の意向を聞いた岸田は、2022年8月10日に行われた人事で、すんなりと

5人の要職起用を決めた。自民党政調会長に萩生田光一が起用され、経済産業相には経済財政相を務めていた西村康稔が横滑りした。官房長官・松野博一と党の国会対策委員長・高木毅は続投となり、参院自民党幹事長の世耕弘成と合わせた「対安倍派配慮」の5人の処遇は、1年半後に噴き出す「安倍派の政治資金パーティーを使った裏金づくり」の問題で暗転する。

2023年11月、安倍派の政治資金パーティー券をめぐる問題で東京地検特捜部が捜査に乗り出したことが報じられる。焦点となったのは、「安倍派5人衆」と呼ばれるようになった5人を含め、安倍派のほとんどの議員が派閥からパーティー券売り上げのノルマを超えた分をキックバック(還流)されながら、政治資金収支報告書に記載していなかったことだ。派閥の実力者でもあった5人に対する世論の批判が高まると、岸田はあっさりと5人の更迭を決めた。その背景に、安倍亡き後も安倍派に対する強い影響力をバックに、森が政権の人事などにしばしば介入してくることへの鬱屈した感情があった。岸田の中では、自民党総裁で首相である自分が人事さえ決められない状況は耐え難かった。「保守右派」を意識して安全保障政策や防衛相の人事に岸田を腐心させる政治状況を作ったのも、岸田の中で安倍派に対する反感の種が蒔かれ、その芽が大きくなっていくきっかけとなったのも、どちらも2022年参議院選だった。

多様性をどう捉えるか

2022年の参議院選から2023年のG7広島サミットまでの間、岸田が政策面で「保守右派」の動きを理不尽だと強く感じるようになり、「保守右派」の側も岸田政権のスタンスが「左」に移ったとして激しく反発するようになった出来事があった。ＬＧＢＴ理解増進法をめぐる「リベラル派」と「保守右派」の衝突だ。

よく、保守とリベラルの違いは「多様性」に対する考え方にあると言われる。だが、「保守右派」は必ずしも、多様性そのものを否定しているわけではない。それは、次の伝統行事をめぐるエピソードからもうかがい知ることができる。

新型コロナウイルスの感染拡大による長い行動自粛期間が、ワクチンや治療薬によってようやく終わりに向かうという実感が広がり始めていた２０２３年３月２日、自民党の「保守右派」の中でも最強硬派の集まりと目される「保守団結の会」の共同代表世話人を務める衆議院議員・高鳥修一、同・赤池誠章らが、首相官邸を訪れた。岸田内閣で官房副長官を務める参議院議員・磯﨑仁彦に、日本の伝統行事に関する申し入れを行うためだ。

申し入れの中身は、「小正月（旧暦の1月15日）」に各地で行われてきた祭りや年中行事を保存、継承するため、子どもから大人まで行事に参加しやすくするよう、１月15日を祝日にすることを求めるものだ。

保守派には「日本には多様性を重んじる伝統があった」とする考え方がある。これは、「保守右派」に「価値観の異なる意見には耳を傾けず、排他的」といったイメージがつきまとうのとは一見、矛盾する。

赤池は「日本には太陽暦に基づくもの、太陰暦に基づくもの、仏教、神道、農耕儀礼をはじめ、非常に多彩、多様な年中行事がある。それが、新型コロナウイルス禍で行われなくなり、失われかねないという危機感がある。国や県でしっかりと支えていかなければならない」と訴えた。

日本の伝統に大きな価値を見いだし、守ることが保守の役割と考える議員は多い。赤池の言う「多彩、多様な年中行事」は、異なる文化や価値観を取り入れてきた日本の包摂性こそが、保守の守るべき対象であるという考え方に基づいている。

ところが、こと家族のあり方やLGBTをめぐる政策になると、「保守右派」はおよそ多様性の尊重とは正反対の態度を見せる。保守団結の会も、そうだった。

もともとは元防衛相の稲田朋美が中心となって2006年に結成した保守系議員の勉強会「伝統と創造の会」のメンバーだった高鳥らが、「伝統的な家族観」をめぐり稲田との間に溝が生じ、2020年に離脱、結成したのが保守団結の会だった。

保守団結の会は顧問に安倍、安倍政権で総務相を長く務めた高市早苗、安倍と政策理念が近い元国家公安委員長の古屋圭司を迎え、「右派」色の濃いグループとして認知された。その規模は約60人と、伝統と創造の会の最盛期の約40人規模以上に膨らんだ。安倍が亡くなった後、保守団結の会は安倍を「永久顧問」とした。

「稲田側近」と言われたこともある高鳥らが稲田と距離を取り始めたのは、稲田が自民党政調会長を務めていた２０１６年、政調に「性的志向・性自認に関する特命委員会」を設置し、ＬＧＢＴに対する理解を深める枠組みづくりに着手した頃からだ。

稲田には衆議院議員になる前の弁護士時代から、ＬＧＢＴの知人がいた。そうした個人的体験に加え、政治家になった後、旧日本軍が戦時中に韓国人女性らを強制的に日本兵と性交渉させたと訴える勢力が在外の日本大使館や領事館前に「慰安婦像」を建てる動きが起きた際、ＬＧＢＴの団体が反対の声を上げたことを知った。稲田は徐々に、「ＬＧＢＴとイデオロギーは異なる問題」と考えるようになった。

ＬＧＢＴの事案だけではない。稲田は２０２０年11月には衆議院法務委員会で「婚前氏続称制度」の創設を私案として提案し、物議を醸した。それまで稲田は、選択的夫婦別姓の導入に反対していたが、著書『強くて優しい国』（幻冬舎）の中で、旧姓を法的に使えない女性たちの窮状に耳を傾けている間に考え方を変えたと打ち明けている。

旧姓を法的に使えるようにする制度をつくろうという稲田の提案は、「保守右派」から「変節」「左旋回」と受け止められた。「保守右派」は夫婦別姓に対し、「伝統的な家族観が崩壊する」ことなどを理由に反対している。「伝統的な家族観」こそが、「保守右派」が夫婦別姓のみならず、ＬＧＢＴや同性婚についても反対する最大の理由だった。

批判を呼んだ荒井発言

２０２３年4月20日、東京・永田町の衆議院議員会館の一室で開かれた「ＬＧＢＴに関する課題を考える議員連盟」（ＬＧＢＴ議連）の会合で、稲田は出席者に、5月19日〜21日に広島で行われる先進7か国首脳会議（Ｇ7サミット）までにＬＧＢＴ理解増進法を成立させるよう訴えた。

ＬＧＢＴ議連は自民党から共産党まで参加した超党派の組織で、稲田は会長代理を務めていた。

同じ日、稲田は来日中だったオーストラリアのジェンダー平等大使を務めるステファニー・コーパス・キャンベルを国会に招き、ＬＧＢＴ対応について、ヒアリングも行った。

その際、稲田は日本政府のＬＧＢＴ対応について、キャンベルに次のように説明した。

「2年前に超党派の議連で理解増進法の合意案が成立し、法整備に向けて力強く前進したが、残念ながらあと一歩で法整備はできなかった。今回、総理秘書官の発言がきっかけではあったが、理解増進法案に対する機運が高まっている」

稲田が触れた「総理秘書官の発言」とは、経済産業省から岸田の秘書官として首相官邸に派遣されていた荒井勝喜が２０２３年2月3日、同性愛者について「見るのも嫌だ。隣に住んでいるのもちょっと嫌だ」と語ったことを指している。発言は、荒井が執務を終えて首相官邸を出ようとした際、「総理番記者」から2日前の衆議院予算委員会で岸田が同性婚の法制化について「社会が変わってしまう」などと否定的なニュアンスを示した背景についての説明を求められ、その解説をする中で飛び出したものだった。

通常、首相周辺から核心の情報を引き出す狙いから、首相秘書官と番記者とのやりとりは、正式なブリーフや記者会見でない限り、オフ・ザ・レコーディング（オフレコ、発言者を特定して引用しない）が前提という慣例がある。この時は毎日新聞がオフレコを破って報じ、各方面から荒井の発言に批判が殺到したため、荒井はオン・ザ・レコーディング（オンレコ、発言者を特定した引用ができる）での釈明を余儀なくされた。オフレコの約束を守っていた他の報道機関も、荒井が「オンレコでオフレコ発言について釈明する」展開になるに至り、一斉に報道することになった。

荒井の発言に対する批判は、「岸田政権のLGBTに対する取り組みは遅れている」といった見方とあいまって、国内外で高まった。米国のバラク・オバマ政権で大統領補佐官を務めた駐日米大使のラーム・エマニュエルをはじめG7の在京大使は、荒井の発言以前から岸田にLGBTへの対応を求める働きかけをSNSなども使って展開し、日本の「保守右派」は「内政干渉だ」と反発したものの、岸田にはG7広島サミットに向けた大きなプレッシャーとなっていた。岸田の地元・広島で開かれるサミットで、岸田は議長を務める。その晴れ舞台で、他のG7首脳からこの問題で白眼視されることは避けたかった。

岸田は荒井を更迭するとともに、「保守右派」の反発を気に掛けて踏み出すことをためらっていたＬＧＢＴ理解増進法を２０２３年通常国会の会期中に成立させるよう自民党に指示した。ＬＧＢＴ議連は、「リベラル派」の岸田が率いる政権になってもＬＧＢＴ議連の立場が一向に強くならず、岸田の煮え切らない対応にじりじりしていただけに、荒井の一件と岸田の変化に勢いづいた。

自民党からのＬＧＢＴ議連参加者には、稲田のほか、デジタル相を務めた牧島かれんや、旧民主党で原子力防災相などを歴任した細野豪志ら、中堅・若手で知名度の高い議員もいた。規模で言えば保守団結の会や「日本の尊厳と国益を護る会」といった「保守右派」の集団と比べると小さかったものの、議連会長を務める自民党の元防衛相・岩屋毅が「自民党がまとめた法案だから、99％通る」と断言したように、ＬＧＢＴ理解増進法の成否が自民党の態度次第だという状況は、稲田ら与野党の実務者が法案の原型で合意した２０２１年の時から変わっていなかった。

ＬＧＢＴ理解増進法の制定

興味深いのは、岸田の指示を受ける以前から、稲田とともにＬＧＢＴ理解増進法の成立に向けて奔走していた議員の中には、岩屋のような「リベラル派」ばかりではなく、安倍に近く、保守団結の会のメンバーでもあった古屋のような「保守右派」もいたことだ。

２０１７年11月27日、「日本会議」と「日本会議国会議員懇談会」の設立20周年記念大会が、東京・芝公園の東京プリンスホテルで開かれ、この場で古屋は議員懇談会の第４代会長に就任した。

新会長としての古屋の挨拶に先立ち会場に流れたのは、まず、時の首相だった安倍のメッセージ、続いて、13年間にわたり議員懇談会の第３代会長を務めた元運輸相・平沼赳夫のメッセージだった。

平沼は「私が会長に就任した平成16年（２００４年）は、人権擁護法案、女系天皇を導入しようという動きがあり、私どもはこの阻止に全力を投入」したと振り返った。また、夫婦別姓法案、外国人地方参政権法案を「国家の根幹を揺るがす」ものと位置づけたのだと強調、こうした法案を阻止してきたことは日本会議が取り組んだ「国民運動」の大きな成果だったとの考えを強調した。

議員懇談会の初代会長は元文部科学相の島村宣伸、第２代会長は元首相の麻生太郎が務めた。設立20周年を機に、平沼は副会長だった古屋を後継に指名した。神道政治連盟国会議員懇談会にも所属する古屋は、「筋金入りの保守政治家」と見られていた。

平沼のメッセージを受けて登壇した古屋は、衆議院初当選の頃から憲法改正の必要性を唱えて「右翼」と呼ばれたエピソードを披露し、終戦記念日の靖国神社参拝を欠かしたことがないとも強調した。そんな古屋が、総務相などを歴任した新藤義孝や稲田らとともに、ＬＧＢＴ理解増進法の制定に奔走した姿を見れば、「保守右派」に対するステレオタイプな「多様性を尊重しない偏狭な価値観を持った人々」といったイメージが、いかに実態とズレているかが分かる。

　古屋は「保守右派」の一部から上がっていたＬＧＢＴ理解増進法に対する強い批判に、粘り強く反論した。

　例えば、ＬＧＢＴ理解増進法が施行されれば『私の性自認は女です』と主張して法を悪用し、男性が公衆浴場の女湯や女性用の公衆トイレに入る事態が起きかねない」などとする意見があった。古屋は「見た目が男性なら、女湯にも女性用トイレにも入れない。それは、既にある法律や規制で対応できる」と説いた。

「保守右派」の一部には、古屋や新藤に「裏切り者」のレッテルを貼ろうとする動きもあったが、二人は「これは理解促進法であり、これまでの日常生活を変えるものではない」と繰り返し訴えた。

　古屋は「リベラル派の中にも保守派の中にも、自分と異なる考えは受け入れられないという狭隘な勢力がある」と割り切っていた。「何も変わらないなら、なぜ、急ぐ必要があるのか」といった自民党内からの突っ込みにも、「岸田首相が２０２３年の通常国会で成立させると言った以上、それができなければ岸田政権にとって大きな痛手になる」として、政策理念よりも政局的な判断を優先したのだと強調した。

「安倍の不在」の大きさ

2023年通常国会で成立した自民、公明両党提出の議員立法、LGBT理解増進法の原型は、LGBT議連が2021年に書き上げた法案だ。自公案はLGBT議連の案にあった「差別は許されない」という表現を「不当な差別はあってはならない」に、「性自認」を「性同一性」に修正した。いずれも「保守右派」が強く求めた修正だ。この修正が加えられたことを理由に、事態を表向き静観していた安倍も「新しい表現が入ったのに、拙速に進めるべきではない」と慎重に扱うよう、政権に注文をつけた。安倍が慎重論を言わざるを得ないようにした修正が、LGBT理解増進法の原型ができてから成立まで足かけ2年を要する遠因にもなった。

「保守右派」の念頭にあった警戒感は、かつて小泉純一郎政権で立法化が試みられ、廃案となった人権擁護法案の「再来」だ。

ことさらに「差別の禁止」を法律に書くことは、実際には差別を受けていなくても「差別があった」と訴えることで、言論の自由を含め、社会に大きな制約をもたらしかねないと、「保守右派」は主張した。差別があったかどうかを判断するために設けられる委員会のメンバーとなる資格要件に国籍条項がなかった点も、「外国人が日本社会の自由を脅かしかねない」として警戒感を生み、法案の成立を妨げた。

人権擁護法案を廃案に追い込んだ「成功体験」の再現を追求してLGBT理解増進法の成立

阻止に動いた「保守右派」の一部は、目的を達成できなかった理由は「安倍の不在」にあると考えた。

逆に、古屋や新藤は「安倍さんが存命でも、ＬＧＢＴ理解増進法に最後まで反対することはなかったはずだ」という確信を口にしていた。

確かなことは、一口に「保守右派」と言っても、その中には政策や政治信条をめぐる濃淡があるということだ。その濃淡、清濁を併せのむ存在であったことが、安倍が「保守右派」のイコンとして仰ぎ見られたゆえんでもあった。「保守右派」と「リベラル派」の間の溝だけでなく、「保守右派」内でも温度差があること、そして「安倍の不在」の大きさを、ＬＧＢＴ理解増進法は浮き彫りにした。

第10章 日韓関係の改善

日韓関係の扱いは、日本の「保守右派」を先鋭的、戦闘的にさせやすい政策分野の一つだ。どの政権も、韓国との距離の取り方には神経をすり減らす。2022年参議院選を経て、首相の岸田文雄は「保守右派」に対する配慮を継続しながらも、徐々に「岸田色」を出すようになった。内政ではLGBT理解増進法の制定、外交・安全保障では同法と時を同じくして進んだ日韓関係の改善が、岸田の「リベラル派」としての面目躍如となる取り組みだった。

何年も「戦後最悪」と言われる状態だった日韓関係は、2023年春に行われた岸田と韓国大統領・尹錫悦（ユンソンニョル）との2度の首脳会談によって劇的に変わった。その際、岸田や側近、外務省幹部が気にしたのも、「保守右派」の反応だった。とりわけ、2023年5月の大型連休中に岸田が尹の「勇気」に応じようと断行したイレギュラーな韓国訪問と2度目の首脳会談に関しては、成功の確信はなかった。それが杞憂に終わり、驚くほど冷静だった「保守右派」の態度からは、「保守右派＝嫌韓」という紋切り型の理解の浅さを知ることができる。

尹大統領、来日

1度目の日韓首脳会談は、来日した尹が2023年3月16日に行われた。尹は、日韓関係悪化の直近の引き金となった、戦前に日本企業で働かされていた元徴用工（旧朝鮮半島出身労働者）をめぐる問題の解決策を引っさげてやって来た。韓国側が日本の立場に大幅に歩み寄ったことで、尹の来日も日韓首脳会談も、あらかじめ「成功」が約束されたとの見方が専らだった。ただ、この時でさえ、日本の「保守右派」の間に「韓国との安易な妥協は許さない」といった空気がなかったわけではない。

尹の来日前日の午後、自民党の有志グループ「日本の尊厳と国益を護る会」代表の参議院議員・青山繁治が首相官邸を訪れ、尹の解決案に「惑わされてはならない」と注文をつけた。岸田が日程の事情を理由に青山との面会を避けたため、岸田派所属の参議院議員で官房副長官の磯﨑仁彦が、岸田宛ての要請文を受け取った。

２０１９年に結成された「日本の尊厳と国益を護る会」には、自民党の国会議員85人がメンバーとして名を連ねる。衆参両議院で約３８０人の国会議員を擁する自民党の中にあっても、それなりの勢力と言っていい。

メンバーには閣僚経験者も多く、山谷えり子、稲田朋美、齋藤健、櫻田義孝、高市早苗、中谷元、渡辺博道、有村治子、猪口邦子、衛藤晟一、末松信介、鶴保庸介が名を連ねている。２０２２年に遊説中に殺害された元首相の安倍晋三は「特別会員」として迎えられていた。

「日本の尊厳と国益を護る会」の活動で目立ったものとしては、２０１９年に政府が検討していた中国国家主席・習近平（シージンピン）の国賓待遇での来日に強硬に反対したことが挙げられ、「反中・嫌韓」の傾向は顕著だった。また、女性皇族と皇族ではない男性の間に生まれた子どもが天皇になる「女系天皇」を認めないとの立場も、「護る会」は前面に押し出した。「反中・嫌韓」と皇室をめぐる姿勢こそが、「保守右派」を「保守右派」たらしめている核心だと言っても良いかもしれない。

青山が磯﨑に手渡した尹の来日に際しての岸田宛ての要請文には「韓国政府の解決策を過剰に評価することは、日韓請求権協定の内容をないがしろにしたかのような誤解を生みかねない。国際法違反の韓国大法院判決を暗に認めることにもなる」と書かれ、日韓首脳会談で尹に厳しい姿勢を示すよう求めていた。

磯﨑は「過剰な評価にならないように気をつける」と青山の気分を害さないように応じたが、首相官邸はとっくに腹を固めていた。

元徴用工問題を巡る歴史

ここで、元徴用工問題について、簡単に振り返っておく。

この問題は、尹の前任で左派・革新の文在寅（ムンジェイン）政権当時の韓国大法院（最高裁）が2018年、新日鉄住金（現・日本製鉄）と三菱重工業に対し、元徴用工らの慰謝料請求権に基づく支払いを命じたことが始まりだった。

それまでの日韓両政府の了解は、国交正常化のために1965年に結ばれた日韓基本条約と、条約とセットで締結された日韓請求権協定・経済協力協定によって、請求権の問題は「完全かつ最終的に解決された」というものだ。しかし、韓国大法院は慰謝料請求権を「日本の不法な植民地支配と直結する」と位置づけ、同協定が「植民地支配に触れていない」から、植民地支配に起因する徴用工の個人請求権は対象外だとした。

基本条約には、1910年の日韓併合以前の両国間の全ての条約と協定は「もはや無効」とある。「もはや」は、日本側が「併合条約は合法だったが無効になった」と解釈でき、韓国側は「もともと違法だった併合条約が無効になった」と読める仕掛けだった。

日韓の和解と協力に進むため、先人が知恵をしぼり、植民地支配が合法か違法かの対立点を封じ込めた「パンドラの箱」を、文に任命された判事の主導する大法院が開けてしまった――それが、元徴用工問題だった。

安倍政権は韓国政府に善処を求め、日本製鉄と三菱重工業は賠償を拒否したが、文政権は国際法ではなく国内の三権分立を盾に動こうとせず、原告側は韓国国内にある両社の資産を差し押さえ、競売にかけて「現金化」し、賠償金に充てようとした。日韓の反目が東アジアの安全保障での日米韓の連携にヒビを入れている様子を見て、米国も懸念を強めていた。

2022年に韓国に保守政党「国民の力」を与党とする尹政権が誕生すると、尹は米大統領ジョー・バイデンの意向もくみ、就任直後から日韓間の最大の懸案となってしまった元徴用工問題の解決策を探った。それが、対日関係改善のための「大局的決断」（当時の韓国外相・朴（パク）振（チン））として、韓国政府傘下の「日帝強制動員被害者支援財団」が元徴用工らに賠償金相当額を支払い、現金化を回避する方法だった。

永田町はどう見ていたか

青山をはじめ「保守右派」の懸念をよそに、岸田も首相官邸の面々も、尹を政治的に見捨てることがあってはならないと考えた。そのために、日本から韓国へも歩み寄りを見せなければ韓国世論がもたないとの意見でも一致していた。

尹政権が示した元徴用工問題の解決策は、韓国国内では頗る不評で、政権基盤を揺るがしかねないものだった。それでも日韓関係の改善を優先させる尹の姿勢に、岸田官邸は驚いた。李明博、朴槿恵の保守系政権でも韓国の反日感情をコントロールするどころか政権浮揚策として利用し、革新左派系の文在寅政権にいたっては、とりつく島もない反日姿勢を継続した。外務省で「コリアンスクール」と呼ばれる韓国専門家の中でも、一時は「韓国には匙を投げた」(外務省幹部)という声が支配的になっていたのだが、尹の一貫した対日関係改善の姿勢に、霞が関の空気は「日本が尹政権を支える政策と態度を示さなければ、尹は持ちこたえられない」へと変わっていった。

問題は、永田町だった。

首相官邸は、自民党の「保守右派」の動きを警戒していた。「『保守右派』は、韓国に対する嫌悪と不信から簡単には態度を変えられない。韓国側が方針転換しても、何かしら文句をつけざるを得ない」（外務省幹部）と見ていたからだ。

一方で、岸田周辺は「『保守右派』が本気で尹大統領の来日を台無しにする動きをするとは、考えていなかった」として、楽観的な見通しを持っていたと証言する。官房副長官として岸田を支えていた木原誠二も、「『右』の反発を心配する必要はない」と岸田に請け合った。

もっとも、それは、尹の来日で実現した最初の首脳会談までの楽観だった。

実際、1度目の日韓首脳会談は永田町でもおおむね好意的に受け止められ、自民党の「保守右派」が騒ぐ場面もなかった。尹と岸田が夕食会後にそれぞれ妻を伴って東京・銀座の洋食店でオムライスを食べる「二次会」を行うなど、打ち解けた雰囲気を演出できたのも、「岸田外交の成功」として喧伝された。

岸田周辺や外務省が想定していなかったのは、尹との会談の成功に気を良くした岸田が、「すぐに訪韓する」と言い出したことだ。

尹が来日した以上、岸田が遅かれ早かれ韓国を訪問するのは外交儀礼上の規定路線ではあった。それでも、尹の来日からわずか1か月後の大型連休を利用してソウルの地を踏みたいと岸田が言い出すとは想像すらしていなかった首相官邸や外務省は、動揺した。これでは、青山ら「保守右派」の懸念に対して官房副長官の磯﨑が否定した「過剰な評価」と受け止められないだろうか——。

「ホーム」では大成功と評価されても、「アウェー」では違った展開になる可能性もある。韓国世論を背景に、尹が岸田に少しでも厳しい態度を見せれば、静かだった日本の「保守右派」が黙っていないはずだ。首相官邸も外務省も、岸田訪韓と2度目の首脳会談は、せっかくの1度目の首脳会談の成功を台無しにしかねないリスクもあると身構えた。

発せられた「心が痛む」

歓迎ムードに包まれた日本から尹が帰国の途につくと、岸田はただちに自身の韓国訪問の準備を進めるよう指示した。

「支持率を15％も落としながら日韓関係改善に舵を切った尹大統領に、政治家として呼応しなければいけない」と決意を固めた岸田に、訪韓時期などで再考を促す余地はなかった。

岸田は5月7日から2日間、韓国を訪れた。それだけでも「保守右派」の反発が懸念されていたのに、岸田は歴史問題にも踏み込み、周囲を慌てさせた。

3月の東京での首脳会談では、植民地支配への反省とおわびを表明した1998年の「日韓共同宣言」を含め、「歴史認識に関する歴代内閣の立場を全体として引き継ぐ」と述べるにとどめた岸田が、5月のソウルでの首脳会談後、尹との共同記者会見ではさらに前に踏み出す発言を行った。

「多くの方々が過去のつらい記憶を忘れずとも、未来のために心を開いてくれたことに胸を打たれた。当時、厳しい環境の下で多数の方々が大変苦しい、そして悲しい思いをされたことに心が痛む思いだ。困難な時期を乗り越えてきた先人たちの努力を引き継ぎ、未来に向けて、大統領をはじめ、韓国側と協力していくことが私の責務だ」

岸田が口にした「心が痛む」は、かつて安倍が使った言葉だった。

外国での首相の発言を誰が下書きし、準備するかは、政権によって異なる。歴代政権の多くは、外国での演説、記者会見での首相の発言づくりは、外務省が担っていた。慣例を大きく変えたのが「地球儀を俯瞰する外交」と称して世界中を飛び回った安倍だ。安倍政権下では、安倍のスピーチライターだった慶応大学教授の谷口智彦や、経済産業省から首相官邸に秘書官として入っていた佐伯耕三がスピーチの草稿を書いていた。ただ、「心が痛む」は、スピーチライターたちのアイデアではなく、安倍自身の言葉だった。

菅義偉政権、岸田政権になると、首相の外国出張先でのスピーチ内容を考える役目は、再び外務省に戻っていたが、岸田のソウルでの演説での「心が痛む」は、外務省が用意した草稿にはなく、安倍が使った言葉を参考に、岸田自身が加えたフレーズだった。

岸田の発言を横で聞いた尹は「韓国側が要求したわけではないのに、誠意を示してもらった。感謝する。韓日の未来の協力に大いに役立つ」と評価した。岸田に同行していた官房副長官の木原は、外務省アジア大洋州局長の船越健裕に「帰ったら、自民党の部会が大変だな」とささやいた。

自民党の部会での説明は、各省の局長級の役目だった。木原が船越を半ば冷やかし、半ば同情したのは、岸田政権になってからというもの、自民党の外交部会は「保守右派」の議員を中心に、日韓関係や日中関係をめぐる政府の姿勢を「弱腰」などと大声でなじる場となっていたからだ。

政権発足直後に起きた佐渡金山の国連教育・科学・文化機関（ユネスコ）世界遺産への推薦をめぐり、岸田政権が「保守右派」の突き上げにあって方針転換を迫られたことは、既に書いた。そんな経緯もあって、永田町・霞が関では、「自民党外交部会は保守右派の巣窟」といった評価が定まっていた。

ところが、岸田の訪韓の報告と説明のため、緊張した面持ちで自民党本部を訪れた船越を待っていたのは、不気味なほど静かな外交部会だった。岸田の訪韓そのものや、岸田の「心が痛む」といった発言に対する批判が一切出ない。「日本の尊厳と国益を護る会」の青山が「ただちに韓国に対する最恵国待遇の回復などを進めることには、慎重であるべきだ」などと経済安全保障の観点から注文をつけた程度で、批判の嵐を覚悟していた首相官邸も外務省も「拍子抜け」した。

「保守右派」の静けさの背景の一つには、2022年2月にロシアがウクライナを侵攻したことで、ロシアを中国、ウクライナを台湾に置きかえて「台湾有事」は十分にあり得るとの懸念が高まっていたことがある。中国を抑え込むためにも、日韓関係の悪さが米国をまじえた日米韓3か国の連携や、日韓の協力に溝を作り、中国が付け込んでくる隙を与えてはならないといから韓国への譲歩より、韓国から日本への歩み寄りの方が明らかに大きかった元徴用工問題の解決策を前に、「保守右派」といえども文句をつけるのははばかられた。岸田のソウルでの「心が痛む」という発言のオリジナルが安倍の言葉であったことも、「保守右派」はよく理解していた。これだけの材料を前に、日韓関係改善の動きに水を差す動機は見いだせなかった。

「保守右派＝嫌韓」の図式は、日韓両国の首脳の知恵と勇気によって乗り越えられるものであることを、2度の首脳会談の成果は雄弁に物語っていた。

第11章 保守本流の使命

日韓関係の改善で「岸田色」を出せたと確信した首相の岸田文雄は、「保守右派」に対する過度な配慮をしなくても政権を運営していけるという自信を持った。日韓首脳会談の約2週間後に行われた広島サミットの「成功」も、歴史的転換点で国を動かしているのだという自負を岸田にもたらした。このあたりを境に、岸田と「保守右派」の距離感は変わっていった。宏池会の先人たちの在職日数を超える長期政権も視野に入り始めた岸田にとっての課題は、あるべきリーダー像を示すことと、新時代にふさわしい宏池会の思想づくりだった。

宮沢時代との違い

2023年5月19日から21日まで広島市で行われたG7サミットでは、ウクライナ大統領のウォロディミル・ゼレンスキーが「飛び入り参加」し、G7や招待国の首脳と対面でロシアの侵略を非難して、ウクライナへの支援を呼びかけた。そんな「演出効果」もあって、広島サミットは近年のG7サミットとしては珍しく、国際社会の大きな注目を浴びた。内外のメディアの評価も、おおむね「成功」とするものが目立った。広島サミットを終えた岸田は、2023年7月10日、首相在職日数が同じ宏池会出身の宮沢喜一（首相在任1991年11月〜1993年8月、在職日数644日）を超えた。

岸田は宮沢の記録越えに先立つ7月7日、首相官邸で記者団に「宮沢元首相はソ連が崩壊し、国際社会が冷戦後の時代に突入した時代の変わり目に政権を担当された。今の国際社会は新たな歴史的な転換点を迎えている。歴史的転換点を迎えている時代に政権を担うこと、宮沢元首相の時代も振り返りながら、新しい時代に向けて外交を進めていきたい」と語った。

冷戦終結という国際社会の激変の中で国の統治を担った宮沢と、ロシアによるウクライナ侵略に象徴される国際秩序の大きな揺らぎの中で政権を任された岸田とは、宏池会ということにとどまらず、もっと多くの共通点を持っていた。ただ、冷戦終結直後に求められたリーダー像と、権威主義国家が「民主主義国家より優れている」という自信を持ち、既存の国際秩序を揺さぶる時代のリーダー像は違うはずだ。岸田はその点、まだ漠然とした言葉しか発していなかった。

宮沢と岸田の時代背景の違いについて、宏池会に長く籍を置いた元自民党総裁・谷垣禎一が、興味深い分析をしている。

宏池会は岸田より前に、池田勇人（首相在任1960年7月〜1964年11月、在職日数1575日）、大平正芳（同1978年12月〜1980年6月、同554日）、鈴木善幸（同1980年7月〜1982年11月、同864日）、そして宮沢の4首相を輩出した。谷垣は吉田茂の流れをくむ池田政権から宮沢政権にいたる政治の底流には「日本が敗戦国であったという重い事実があった」と見る。「戦後の新しい秩序を見据えながら国内の復興を果たしていくことを、敗戦国のリーダーは考えなければならなかったはず」で、「それこそが、宏池会の思想の原点にはある」というのだ。

「保守本流」を自任していた宏池会は、宮沢政権の後、30年も権力の中枢から遠ざかった。谷垣はこの30年間を「20世紀の終わりあたりから宏池会の結束が弱まっていった」と振り返り、その背景として「戦後処理のかなりの部分が終わりつつあったことと、東西冷戦体制が崩壊したことの両面」があり、現在はロシアのウクライナ侵略などによって「ポスト冷戦体制も崩壊している」と指摘する。それゆえ、「国際社会はウクライナ侵攻後の新しい戦後秩序を作り直さなければならず、宏池会の思想もまた変容していかなければならない」と強調した（『中央公論』２０２３年7月号　特集「安倍晋三のいない保守」のインタビュー）。

谷垣の言葉は、岸田政権に対する注文でもあった。

戦後の日本の半世紀は、「敗戦国」としての意識の強さから、言論界、メディア、教育現場に至るまで、革新、左派、リベラル、ハト派の存在感が、保守、右派、タカ派を圧倒していた。そうした社会のイデオロギーの優劣があったから、宏池会こそが「保守本流」だとする考え方も生まれた。

ところが、宮沢政権の後、岸田が首相に就任するまでの約30年間で、自民党で最も長く主流派の座にあったのは「保守右派」色の濃い清和政策研究会で、森喜朗、小泉純一郎、安倍、福田康夫の４人の首相を輩出した。４人の首相在職日数の合計は５９２０日、16年以上の長期に及ぶ。自民党で「リベラル派」が主流だったのは、社会党委員長の村山富市を首相に担いで政権に復帰した宏池会出身の河野洋平の総裁時代を含め、平成研究会出身の橋本龍太郎、小渕恵三の首相時代しかない。宏池会に籍を置いたことのある麻生太郎も「保守右派」に位置していたし、「リベラル派」の系譜ながら安倍政権で長く官房長官を務めた菅義偉も、明示的にはリベラル色を出さなかった。非自民・非共産の細川護熙政権と羽田孜政権、「リベラル派」の民主党政権の期間を除き、清和政策研究会の出身ながら政治理念はリベラルと見られる福田の首相在任期間を別にしても、自民党政権としては「保守右派」が主流だった時間の方が「中道リベラル派」が主流だった時代よりも長かった。

前進する「保守右派」

宏池会が「新たな思想」を探しあぐねている間に、「保守右派」の清和政策研究会はぐいぐいと前進し、政策を実現していった。

2006年に第1次安倍政権が誕生すると、「戦後の日本は偏向教育により自虐史観に陥り、国際社会で果たすべき役割を果たそうとしてこなかった」と考える安倍は早速、教育基本法の改正に乗り出した。安倍の率いた自民党が「愛国心」という言葉を盛り込もうとすると、連立政権を組む公明党は慎重姿勢を崩さず、文言は「国と郷土を愛する態度を養う」という表現に落ち着いた。それでも、1947年の公布以来、初の改正を実現したという意味で、安倍は

「保守右派」の理念と方向性を強烈に示した。

憲法改正にも意欲を示した安倍は、相次ぐ閣僚の醜聞で追い込まれ、2007年参議院選で自民党大敗の憂き目に遭い、最終的に病気を理由に在任366日で退陣した。

雌伏すること5年、2012年にカムバックを果たした安倍は、第2次政権の開始当初はデフレからの脱却を目指す経済政策「アベノミクス」を前面に出し、「保守右派」の歴史観や教育観をことさらにアピールするのは抑えた。それでも、第1次政権の時に定着した安倍の「保守右派」のイメージが上書きされることはなく、政権が安定軌道に乗ってくると、安倍は「リベラル派」側の反発は必至である法律の制定などを、1年に1件のペースで進めていった。

漏洩すると国の安全保障に著しい支障が生じるとされる情報を「特定秘密」に指定し、外部に知らせた場合の罰則などを定めた2013年制定の特定秘密保護法には、野党の「リベラル左派」から「国民の知る権利を奪う可能性がある」といった疑問の声が上がった。2014年には集団的自衛権の行使はできないとしてきた政府の憲法解釈を改め、部分的行使を認めるようにし、2015年には新たな憲法解釈に基づく安全保障関連法を成立させた。これも野党の「リベラル左派」からは、「事実上の憲法改正だ」「日本が戦争に巻き込まる」といった批判が繰り返された。

安倍政権で日本政治が右傾化したという見解には、「それ以前の日本の政治がいびつだったのであって、安倍政権は国際標準からすれば日本をまともな国に戻したのだ」といった反論がある。この点は、政治学者の中北浩爾の整理を参考にすると分かりやすい。

中北は2017年に出版された『徹底検証　日本の右傾化』（塚田穂高編著、筑摩書房）所収の論考『自民党の右傾化――その原因を分析する』で、日本政治が右傾化しているとの見方と、右傾化してはいないという否定論の間には、「論点のずれ」があると指摘する。

「（第2次安倍政権以降の）日本政治が右傾化しているという見解には、次のような異論も存在する。例えば、安全保障関連法は、国連PKOで実施できる自衛隊の業務を拡大するなど、国際貢献を推進するものである。集団的自衛権も国連憲章で認められ、ほとんどの国々が行使を容認している。したがって、右傾化と呼ばれる現象は『普通の国』化として捉えられるべきであり、現在の日本政治はナショナリズムではなく、国際協調主義の方向に向かっている。安倍首相が復古主義的な考えを持っているとしても、日本国憲法の存在、国民の間での平和主義の強さといった国内的制約、アメリカによる歯止めやアジア諸国の反対などの国際的制約ゆえに、国際協調主義の枠内に押し止められるであろう――。（中略）右傾化論が政策の変化の方向性を問うのに対し、右傾化否定論は政策の国際的な位置を問題にする。また、右傾化という言葉が、軍国主義やファシズムを想起させる場合があることも、議論の混乱に拍車をかけているように思われる」

中北は同じ論考で、「自民党の右傾化は根が浅い」とも分析している。「政策的に左に位置する民主党の台頭」や「副次的には（自民党の）派閥の衰退という政党組織の変化」が、かつては派閥が強い影響力を持った自民党総裁選で「右派の理念グループを相対的に浮上」させ、安倍政権の誕生につながったという見方だ。それゆえ、右派の理念グループの伸長は「世論や支持基盤といった社会レベルの変化に起因していない」と、中北は結論づける。

対立の形はどう変わったか

ただ、「世論の変化」や「社会の変化」が全くなかったと言い切ることもできない。少なくとも、大きな論争を呼び、国論を二分するような政策を、安倍が躊躇なく推し進めることを可能にした背景に、言論空間の変化があったことは間違いなさそうだ。例えば、戦後の論壇をリードした革新リベラル色の強い『世界』や中道リベラルの『中央公論』などの雑誌が部数を減らしていく一方、『文藝春秋』が台頭し、『正論』など保守系の雑誌も相対的に存在感を高めていった現象である。

技術の発達により、SNSなどの新しい情報発信ツールを誰もが使うようになったことも、保守とリベラルのバランスに大きな変化をもたらした。SNSではイデオロギー的な立場が保守だろうがリベラルだろうが、不特定多数の人々に向けて広く考えを伝えたり、異なる立場の主張に強烈な批判を加えたりすることができ、従来はマスメディアにしかなかった機能の一部を、個人が使えるようになった。マスメディアや論壇などを通じてしか意見を広める方法がなかった時代は、その空間で優位に立っていた「リベラル派」のフィルターを通した情報発信になり、保守とリベラルはなかなか同じ土俵に立てなかった。安倍や麻生には、言論界は「左」に支配されていると映っていた。SNSの社会への浸透は、そうした世界観を変えた。

SNSには、匿名ゆえに容赦なくターゲットを叩こうとする攻撃性や、実名の場合でもあえて乱暴で侮蔑的な言葉を使うことで注目を集めようとする悪弊がある。中道寄りの保守、リベラルからさらに「右」または「左」に位置する「保守右派」と「リベラル左派」にも共通する傾向で、保守側が「左翼」をもじった「パヨク」という造語などを用いて「パヨクは自分たちと意見が異なる相手に、レイシスト（差別主義者）だとレッテル貼りをする」などと叫べば、リベラル側も「ネトウヨ（ネット右翼）は排外主義者と歴史修正主義者の集まり」などと憎悪の言葉を投げかける。そこには、保守とリベラルが冷静に対話し、共通点を探そうという発想は微塵もなく、相手を説得することなど初めから放棄し、ひたすら論破を目指す態度が、保守側でもリベラル側でも当たり前のようになっていった。

論壇の変化も、SNSの世界も、右傾化の表れとして考えられがちだが、保守とリベラルが同じ土俵でぶつかる環境が生まれたと考えれば、見え方は違ってくる。ただ、多様性の尊重を旨とするリベラル側は、保守側以上に主張、立場が細分化されるだけでなく、それぞれの立場で固まり、横の連携が得意ではない分、保守側からの「集中攻撃」の印象の方が強く感じられやすくなる。

選挙制度の変化が生んだもの

「保守右派」の主張が容易に拡散されやすくなった情報技術の進化や、「リベラル派」に一つのかたまりを形成しにくい性質があるという以上に、「右傾化」と言われる政治の風景の定着に貢献したのは、選挙制度だった。

衆議院の選挙が中選挙区制だった時には、自民党が政策的なウィングを「左」にも広げ、革新・リベラルのお株を奪うことで、一党支配を維持していた。例えば、米国などではリベラル政権が実現を目指した国民皆保険制度も、日本では自民党の主導で導入された。日中国交正常化も、党内に「青嵐会」のような反中グループを抱えることになる自民党が実現した。保守の立場をとる自民党が、革新・リベラルの求めた政策を推進することで、党全体のイデオロギー的な立ち位置は「中道リベラル」と見られてきた。

「平成の政治改革」によって衆議院の選挙制度が中選挙区制から小選挙区比例代表並立制に変わり、「少ない得票」で「多くの議席」を得られるようになったことで、無理にウィングを広げなくても、岩盤支持層の票を固めておけば総選挙に勝てるようになった。小泉純一郎と安倍の長期政権を可能にしたのも、二人が小選挙区制の特徴を理解し、最大限に活用していたからだ。

しかも、「リベラル派」の多い野党の側では、民主党政権が内輪もめで勢いを失い、下野した後には分裂を繰り返した。安倍政権が謳歌した自民党の1強と、野党多弱の政治状況が続き、「保守右派」側からの激しい「リベラル派」批判もあって、リベラルという言葉そのものがマイナスのイメージを帯びるようにもなった。

その中で、岸田が「保守右派」に対する過剰にも見えた配慮を徐々に減らしながら、本来の「リベラル派」の路線に軸足を移すようになったのは、安倍の不在が大きかった。そこに、自民党の最大派閥、清和政策研究会（安倍派）の政治資金パーティー券の問題が出てきたことで、岸田は苦しい政権運営に直面しつつも、「保守右派」の影響力をより小さくできる機会も得た。

しかし、谷垣が求めていた「宏池会の思想の変容」にまで踏み込めなければ、党内の権力闘争の揺り戻しで、再び「保守右派」が主導する自民党へと戻っていくのかもしれない。パーティー券問題で派閥に対する視線が厳しくなり、党総裁である岸田の責任を問う声も強まった。予想以上の事態の深刻さと広がりに、岸田は「博打を打つしかない」と繰り返すようになった。首相就任後も続けた宏池会会長の座から退いただけでなく、パーティー券を利用した裏金づくりの組織性、悪質性、継続性が問われた清和政策研究会の解散を求める声が強まる中、同派に先んじて宏池会の解散表明にまで踏み切った。2024年1月23日のことだ。

これが、岸田の「博打」だった。宏池会にも、清和政策研究会に比べて金額こそ少なかったものの、パーティー券をめぐる不記載問題があり、会計責任者が書類送検されることになった。これを奇貨として、岸田は真っ先に愛着のある自派を解散すると宣言することで、派閥解消の流れを作った。副総裁の麻生や幹事長の茂木敏充が派閥の存続にこだわったことで、志公会（麻生派）と平成研究会（茂木派）は残ったものの、政治資金収支報告書への不記載額が大きかった志帥会（二階派）、そして近未来政治研究会（森山派）が次々と解散を決めた。「政治とカネ」の問題から一時的にでも「派閥解消」に焦点が移ったことで、雰囲気は変わった。派閥解消を仕掛けた岸田を引きずり下ろせば、自民党に対する逆風は一層強まるかもしれない。「平成の政治改革」に比べ、「令和の政治改革」をめぐる熱量が低いことも、時間が経過するにつれて見えてきた。瀬戸際に追い詰められながら、「岸田は当面の延命に成功した」との見方が永田町にじわじわと広がった。

とはいえ、岸田が払った代償は大きかった。「現存する最古の自民党派閥」だった宏池会の「思想の変容」という使命を果たすことより、政権の延命を優先したことで、自民党は「右」側にせよ「左」側にせよ、政策理念を鍛え直す機会と動機を失おうとしている。

第12章 有権者の自己認識

自民党が「保守右派」と「リベラル派」の両翼を持ちながら、小泉純一郎政権から安倍晋三政権までの間に「保守右派」の影響力がより強く出るようになる中で、有権者の政治意識はどのあたりに位置していたのだろうか。

近年の調査の中には、自民党が「右傾化」したと見られているのとは裏腹に、有権者のイデオロギー的なスタンスに大きな変化がないことを示唆する結果が出ているものもある。

全国意識調査の動向

公益財団法人「明るい選挙推進委員会」が国政選挙の度に行っている全国意識調査では、回答者に「保守的とか革新的とかいう言葉が使われますが、あなたご自身はこの中のどれにあたると思いますか」と尋ね、イデオロギー的な立ち位置を探っている。

保守対革新という選択肢にしたことについて、2021年衆議院選の全国意識調査の「調査結果の概要」では、「日本の政治における対立軸に関する共通了解があるのかは分からないが、あえて保守・革新の質問を置き換えるのであれば、左右よりは保守・リベラル質問の方が（「保守」という立場が共通であるだけに）適切であるように思われる」と注釈している。過去の調査との比較も考慮しての設問で、回答者の属性を尋ねる質問に「保守」か「リベラル」かを問う項目を入れることで、「革新」と「リベラル」の関係性が分かるようにもしたという。ちなみに、2021年衆議院選の全国意識調査で、自身を「革新的」とした回答者は4・3％、「やや革新的」と答えた人は16・0％で、「わからない」が11・6％だったのに対し、属性を問う質問に「リベラル」とした人は3・9％、「ややリベラル」は12・7％、「わからない」が25・9％だった。保革を尋ねた方が、保守かリベラルかを尋ねるより、「わからない」の回答が減っている。

2016年参議院選の全国意識調査では、属性の質問事項に「右寄り」か「左寄り」かを入れ、保守的か革新的かの問いとの関係性を探っていて、こちらも保革を尋ねた時に14・6％に過ぎなかった「わからない」の回答が、「右か左か」では40・9％に跳ね上がった。今なお、保守対革新の構図の方がのみ込みやすく、リベラルという言葉の持つ幅の広さや、国によって使われ方が違う多義性が、回答者を戸惑わせるのかもしれない。

それを前提に、保革の自己認識をめぐる回答の変遷を見ていくと、小選挙区比例代表並立制での1996年総選挙から2021年総選挙までの9回で、自らを「保守的」「やや保守的」と考える人の合計（％、かっこ内は総選挙後の政権）は35・8（橋本龍太郎政権）、37・3（森喜朗政権）、36・7（小泉純一郎政権）、35・0（同）、36・1（鳩山由紀夫政権）、33・0（安倍政権）、36・8（同）、36・0（同）、36・4（岸田政権）と、35％前後で推移していている。その傾向は、民主党の鳩山政権が誕生した2009年総選挙でも変わっていない。

一方、自らを「革新的」「やや革新的」と考える人は15・2（橋本）、18・1（森）、16・9（小泉）、15・9（同）、16・9（鳩山）、19・2（安倍）、15・2（同）、17・4（同）、20・3（岸田）だった。こちらも、15～20％の間で揺れ動いてはいるものの、劇的な変化は起きていない。

結局、選挙結果は、45％から多い時には50％近くまで増える「中間」「わからない」の層に左右されていることは明らかだ。この層の多くは「無党派層」と考えられ、無党派層が投票所に足を運び、自民党を選ぶか、野党を選ぶか、あるいは棄権するかで、選挙の勝敗は決まる。もともと3割強を占める保守層の支持を受ける自民党にとって、無党派層の棄権が増えると、総じて有利になる側面もある。

「右傾化」のイメージはなぜ生まれたか

2023年11月に、キュレーションサイト（特定のテーマについて、既存のマスメディアが報じたものを含む情報を整理し、まとめたサイト）を運営する「スマートニュース」傘下の研究機関「スマートニュース　メディア研究所」が発表した「第1回スマートニュース・メディア価値観全国調査（SMPP調査）」の結果は、興味深いものだった。

日本のイデオロギー対立の実情を調べるため、回答者に0がリベラル、10が保守的とした時に、自分の政治的立場はどこかを尋ねる質問をし、0～4がリベラル、5を中間、6～10を保守的と分類したところ、リベラルが20％、中間が16％、保守が33％、「わからない」が28％だった。これは、「明るい選挙推進委員会」の国政調査ごとの全国意識調査の傾向と類似している。

ユニークだったのは、小泉から岸田までの歴代首相9人に対する好き嫌いを尋ねていて、これを自身のイデオロギー認識に重ね合わせると、自身の政治的立場によって好き嫌いが分かれる首相と、関係がはっきりしない首相がいることがわかった。具体的には、小泉や福田康夫は中間的立場の有権者から好かれ、安倍は保守から好かれてリベラルから嫌われる傾向がはっきりとしていた。

諸外国から「日本の右傾化」と見られるようになった変化は、小泉政権の時に始まっていたものの、有権者のイデオロギー的な傾向が大きく変わったわけではなく、むしろ、中間的な立ち位置の有権者が小泉を支持していた点が面白い。

そして、第2次安倍政権以降の約8年の長期政権を築いた安倍が明確に保守層から好かれたことが、「右傾化」イメージの増幅に関係していたことも改めて見えてくる。

確かに安倍は、集団的自衛権をめぐる憲法解釈変更のような「保守タカ派」色の強い政策を進めたことで、「保守右派」の根強い支持を得たものの、「1億総活躍社会」のようなリベラル色のにじむ政策も数多く打ち出し、政策のウィングを広げた。にもかかわらず、最後まで「リベラル派」から嫌われていた。

政敵を首相らしからぬ挑発的な言葉で非難する安倍のスタイルは、国会だけでなく街頭演説でも炸裂した。2017年7月の東京都議会議員選の応援のため東京・秋葉原駅前で街頭演説に立った安倍は、1時間にも及ぶ一部聴衆からの「安倍やめろ」のコールに反発し、「あんな人たちに負けるわけにはいかない」と叫んだ。その様子はメディアで繰り返し取り上げられた。「保守右派」は「メディアは一部を切り取り、誇張して報じている」と安倍を擁護したが、「リベラル派」には、SNSで「保守右派」がしばしば「リベラル派」に浴びせる不寛容で品や敬意を欠いた発信と安倍の発言には親和性があるという受け止め方も多く、安倍を一層嫌う要因の一つにもなった。

団塊の世代と若者

日本の「右傾化」イメージを強めている主役が何者なのかをめぐっては、いくつかの見方がある。

一つは、「団塊の世代」が企業や団体から退職した後、SNSを通じた政治的発信を強めているというもので、「ネトウヨ」と呼ばれる極端な「右寄り」の主張をする勢力の中に、団塊の世代が多く含まれているという説だ。

もう一つが、「若者の右傾化」という見方だ。かつては若者ほど「反政府、反権力」で、社会の変革を志向していたのに、今はむしろ、変化より安定を好み、与党で保守の自民党を支持するようになっているという解説も聞かれる。
「明るい選挙推進委員会」が2021年に、18歳〜29歳の若者を対象に行った第4回「若い有権者の意識調査」で支持政党を尋ねたところ、自民党支持が21%、自民党以外の政党に対する支持が18%、支持政党なしが44%だった。同じ質問に対し、2009年（18歳選挙権の導入前で、調査対象年齢は異なる）調査では、自民党が14%、自民党以外が13%、支持政党なしが53%だった。2021年は自民党以外の支持と支持政党なしがともに減り、自民党支持が増えている。

この数字は、若者の自民党支持の増加を裏付けているものの、「右傾化」が起きているとまで結論づけられるものではない。2009年の総選挙で下野した自民党が、若者の支持を獲得するためにネット戦略を強めていった効果も見ておく必要がある。

ネット選挙の解禁

ネットを利用した選挙運動が解禁された2013年7月の参議院選は、日本の選挙の風景を大きく変えた。

当時、まだ野党に転落したままだった自民党は参議院選が迫った6月19日に、ネット選挙解禁に向けた特別チーム「Truth Team（T2）」を発足させた。元請けは電通で、実働部隊を成したいくつかの企業の中には、2009年に自民党が下野してすぐ、政権奪還を目指した広報戦略、メディア戦略を検討するために自民党に招かれた小口日出彦が率いるコンサルティング会社「パースペクティブ・メディア」社の名もあった。

T2のトップには、小口を自民党のネット戦略作りの参謀に引き入れ、後に菅義偉内閣で情報通信技術担当相を務める衆議院議員の平井卓也が就いた。

小口は「これまでは分析の対象でしかなかったネットの書き込みや映像が、政治の正念場である『選挙の武器』になる」と考え、「野党時代の初期に採用した『悪名は無名に勝る』ような作戦はリスクが大きくてもはや使えなくなった」と判断した（小口著『情報参謀』講談社現代新書）。

そこで展開されたのは、「自民党の〝若さ〟の象徴ともいえる、小泉進次郎議員や丸川珠代議員に街へ出てもらって街頭突撃インタビューを決行」（同著）し、その様子を撮った映像をネットに公開することなど、自民党の好感度を上げる取り組みだった。

また、平井のアイデアで、当時の自民党総裁だった安倍をモデルにしたキャラクター「あべぴょん」を使ったスマートフォン専用の無料ゲームアプリと、選挙公約などを伝えるアプリを結びつける仕掛けをした。「あべぴょん」が空中階段をジャンプして高く上がる度にポイントが溜まって出世するストーリーに、出世のタイミングで自民党の選挙公約が出てきて選挙情報のアプリにリンクするというもので、「自民党のイメージ一新と実益」を兼ねていたという。

2012年に民主党に対する有権者の失望から政権を奪還した自民党は、2013年参議院選ではネット戦略を駆使した。この参議院選での大勝は、その後、2020年まで続く安倍の長期政権の礎にもなった。

自民党のネット戦略の多くが、若者を意識したものであったことも間違いない。1990年代以降の読売新聞の全国世論調査の結果を見ると、若者の自民党支持率は全体に比べてかなり低い時代が長かったが、2013年の参議院選を境に、若者の自民党支持率は常に3割を超えるようになり、他の世代との差が縮小している。この時系列を見ると、自民党のネット戦略が一定の効果を上げた可能性は高いと考えることができそうだ。裏読みするならば、若者は必ずしも、自民党の政策や政治理念に共感して支持したわけではなかったのかもしれない。

その後の「安倍1強」の時代に育った若者にとっては、政治といえば自民党、安倍政権であり、積極的支持というより消去法で自民党を支持している面があると見られる。若者世代の自民党支持の増加をもって、「若者の右傾化」と断じることには、慎重であるべきだろう。「右傾化」が政治的、社会的に問題視される大きな理由は、「保守右派」が擁護する「伝統的価値観」とは異なる生き方をしていると彼らが見なす人々に対するヘイトスピーチやヘイトクライムを助長する恐れがあることにある。

政治の場でも、自民党衆議院議員の杉田美脈が2016年に自らのブログやSNSに、アイヌ民族や在日朝鮮・韓国人を差別するような投稿をしたことが、札幌法務局と大阪法務局によって人権侵犯と認定された事案が起きている。

若者の多くが杉田のような主張に共感しているのかといえば、世代が若いほどＬＧＢＴへの寛容度は高く、人権、環境、貧困、孤独の問題にも、若者世代の方がより敏感だとする分析があることを考慮すると、逆である可能性が高い。

安倍政権の間の世代別の自民党支持と、岸田文雄政権になってからの世代別の自民党支持の比較は、示唆に富む。

読売新聞の世論調査によると、安倍政権の間は、自民党を支持する人のうち18歳〜29歳の若者世代の支持率が全体の支持率を上回っていた。この現象は菅義偉政権になっても変わらなかったが、岸田政権になって間もない２０２２年になると、若者の自民党に対する支持率が全体の支持率を下回るようになった。

首相官邸の公式ＹｏｕＴｕｂｅチャンネルの視聴回数を比べても、安倍の記者会見の時は数万〜数十万回だったのに対し、岸田の記者会見の動画は数千〜1、２万回程度で推移している。

政治理念的には「保守右派」と目される安倍は、政策面では日本経済の復活を目指したアベノミクスや働き方改革に力を入れ、菅も携帯電話料金の引き下げや不妊治療の保険適用などを推進し、若者世代にとっては暮らしや将来に直結する政策と受け止められた。岸田政権は、若者世代に響く政策メニューを効果的に打ち出せていない。

誰もが自分の考え、趣味や「推し」、そして好き嫌いを発信でき、しかも匿名性の高いＳＮＳが「日本の右傾化」イメージを拡大させている面があることは、前章でも考察した通りだ。

そして、時代や社会を問わず、ノイジー・マイノリティー（声の大きな少数派）には、サイレント・マジョリティー（沈黙する多数派）を見えなくしてしまう力が備わっていることも、忘れてはならない視点だろう。

第13章 保守右派の陣取り合戦

「安倍晋三亡き後」の時代に突入する前後から、自民党の「保守右派」を支持していた岩盤支持層を、より「右寄り」の主張で切り崩そうという動きが目に付くようになった。相次ぐ新党の登場である。安倍が政権復帰を果たした2012年総選挙で、大阪を中心に関西を基盤としながら国政進出を果たした日本維新の会の戦術も、2022年参議院選で「保守右派」の主張を掲げ、SNSを駆使して支持を広げた新党の戦術も、既存政党にはなかったものだ。それは、できるだけ多くの人の意見を反映した「国民政党」を目指すのではなく、ターゲットを絞って国会に議席を得て、発信力を高め、あわよくばキャスチングボートを握ろうという戦い方だった。

日本保守党の登場

大阪駅前で行われていた街頭演説の音声を切り裂くように、消防車のサイレン音が響き、赤い灯が暗がりを照らした。街宣車の屋根で演説を行っていた作家の百田尚樹は「警察から中止要請が来たので、あと5分だけ」と事情を明かし、「国民は勤勉で一生懸命働いているのに、30年間も給料が上がらないのは政治のせい、自民党のせいだ」と訴えた。

2023年11月11日夕刻、百田らが結成した政治団体・日本保守党は、名古屋、東京に次ぐ大都市での街頭演説を大阪で行った。東京・新橋駅前での街頭演説に集まった聴衆は約1000人だったのに対し、大阪駅前の大規模ショッピング施設「ヨドバシカメラ　マルチメディア梅田」の前には聴衆約5000人が詰めかけ、2階デッキまで人があふれていた。聴衆で目立ったのはシニア層の姿で、日の丸の旗を振る人もいた。

大阪府警が演説を切り上げるように要請したのは、想定以上の人出と、付近で起きた火災への対応で混乱が起きるのを防ぐためだったが、演説中断直後からSNSには「警察・消防も、何かを侵害しようとする際、利用されることがある」などと、中止要請を妨害行為と決めつける陰謀論めいた書き込みがあふれた。

伸びてゆく党員数

日本保守党の結成当初から、SNS上では新たな保守運動を歓迎する投稿と、「極右政党の登場だ」と嫌悪を示す投稿が交錯した。

「保守右派」的な政策を掲げて日本保守党が東京都内で「結党の集い」を開いたのは、2023年10月17日。保守派の論客の中でも「右寄り」の主張で知られ、SNSでの発信にも熱心な百田と、やはり「保守右派」のジャーナリストとして知られる有本香という政治経験のない二人を中心に設立準備を進め、名古屋市長を務める河村たかしを共同代表に迎え、船出した。

百田も有本も当時、全世界で利用者数が5億人超、日本でも約6000万人とされるX（旧ツイッター）でのフォロワー数が60万人前後（いずれも2023年7月時点）という人気を誇っていた。この二人が自身のSNSをフルに使って宣伝したのだから、結成直後の日本保守党のフォロワー数が、自民党のフォロワー数25万人をすぐに超えたこと自体は、不思議ではない。

ただ、SNSを通じた「党員募集」の呼びかけに呼応し、9月30日の党員登録開始から「結党の集い」までのわずか半月で登録者が約4万7000人に達したのは、百田自身が「予想もしなかった勢い」と驚くほどの現象だった。

なにしろ、SNSでフォローするだけなら懐は痛まないが、党員資格を得るとなると、一般党員で年6000円、家族党員が年3000円、財政的支援をしたいという支持者に付与する特別党員は年2万円と、出費を伴う。

しかも、この金額は、110万人超いる自民党の党員が支払っている党費と比べ、1・5倍と高い。自民党が求める党費は1年あたり一般党員4000円、家族党員2000円、特別党員2万円だ。日本保守党があえて自民党より高い党費を設定したところに、「岸田文雄率いる自民党に飽き足らない保守層」に対し、自民党を見限る覚悟を迫る百田らの意図がうかがえる。

百田は「結党の集い」に合わせて行った記者会見で、新党結成のきっかけは2023年の通常国会で成立したLGBT理解増進法だったと明言した。

百田は「国民のコンセンサスが、全くない。自民党の部会では反対18、慎重18、賛成は11だったのに、執行部が引き取り、強引に法案を提出し、党議拘束をかけた。反対する野党もなかった。与党も野党もどうなっているんだ。この怒りから、YouTubeで『法案が通るなら政党を立ち上げる』と言ってきた」とぶちまけた。

「保守」についての持論も披瀝し、「保守とは謙虚で社会に敬意を表する」と強調、LGBT理解増進法を成立させた岸田政権を念頭に「社会を大幅に変えていいと、傲慢になっている。国民の6〜8割が言うなら、大きな社会的常識や基本的考えを変えてもいいが、一部の政治家が自分たちの理念と思想をもって進めていくのは間違っている」と訴えた。

SNSの威力と熱狂

「自民党には以前から物足りない、飽き足りない、違うという思いがあった」と言う百田には、自民党総裁・首相だった安倍晋三を「推し」まくり、売れっ子作家のイメージが「保守右派」のイメージに塗り替えられていった経緯がある。

自民党が野党に転落していた2012年、百田は「保守右派」の論陣を張る雑誌『WiLL』で、2007年の首相退陣後から雌伏を続けていた安倍と対談し、当時の民主党政権に対する批判や、靖国神社に参拝する意義をめぐり意気投合した。

2012年9月の自民党総裁選の前に保守派の著名人28人が結成した「安倍晋三総理大臣を求める民間人有志の会」にも、百田は名を連ねている。「有志の会」には、評論家の三宅久之を代表発起人とし、代表幹事に評論家の金美齢らが就き、俳優の津川雅彦、作曲家・すぎやまこういち、日本会議副会長を務めた小田村四郎、元自衛隊航空幕僚長の田母神俊雄、日本遺族会顧問の元参議院議員・板垣正らがメンバーとして加わった。

その後、2020年に入って新型コロナウイルス感染症の世界的流行が日本にも波及してくると、百田は安倍政権の水際対策などをめぐりコロナ対応を批判するようになった。安倍の退陣後には自民党との距離がさらに広がり、LGBT理解増進法など岸田政権のリベラル寄りの政策を激しく非難するという点では他の「保守右派」勢力と足並みをそろえていたものの、「保守右派」陣営の中では孤立気味になっていた。

そんな百田が新党の結成を宣言するやいなや、「いの一番に賛同」(百田)したのが有本だった。

百田や有本の岸田政権に対する批判の主な舞台は、SNSだった。SNSでは、二人の主張を批判する書き込みも多い。ただ、国政選挙の候補者を1人も擁立していない政治団体が呼びかけから半月で5万人近い党員を獲得し、街頭演説という「リアル」の聴衆も1か月足らずで5倍になる異様な現象は、SNSの威力と、SNSと「保守右派」の親和性の高さを端的に示している。

聴衆に中高年層が多い点も、SNSが動員のツールとして使われた影響が大きかったと見られる。

この推察の根拠は、日本保守党に対する一部の人々の熱狂が、「自民党に代わる保守」の受け皿を目指す戦略で2022年の参議院選に臨んだ「参政党」の国政進出に至る経緯と似ている点に注目すると、見えてくる。

小政党の登場

投開票日まで残り1週間となった2022年7月初め。各メディアが行った参議院選の情勢調査で、参政党や、政党名をめまぐるしく変えながら「NHKをぶっ壊す」と主張する「NHK党」が比例代表で1～2議席を取る可能性が高いことが報じられた。

自民党副総裁の麻生太郎や幹事長の茂木敏充ら執行部は、情勢分析をしながら「無所属や、聞いたこともない小さな政治団体から立候補している連中はみな、保守の主張だなあ」とささやきあった。

「多弱」と呼ばれていた野党側では選挙協力が進まず、32ある定数1の選挙区（1人区）全てで候補者を1本化して善戦した前々回の2016年参議院選や、その次の2019年参議院選と比べ、選挙態勢が見劣りしていた。その間隙を突くように、自民党に対する不満票の受け皿になろうとする保守系の小政党が次々と登場したのが2022年参議院選の特徴で、保守陣営の中に「多弱状態」を作り出そうとする動きに、自民党執行部は警戒感を強めた。

この時に自民党が独自で行った情勢調査の結果も、執行部の不安を高めた。自民党は国政選挙や重要な地方選挙の度に、党本部が契約した調査会社を使ったオートコールによる独自の情勢調査を行う。マスメディアによる大掛かりな調査ほどの精度は得られないという声に対し、メディアの調査よりも正確だとする声もあって評価は割れるものの、少なくとも頻度はマスメディアより高く、どの選挙区に党の資源を集中的に配分するか、どこに総裁や幹事長を応援に派遣するかといった戦術を決める材料として使われる。２０２２年6月末の調査では、比例代表で自民党に投票すると答えた人が減った分、日本維新の会や参政党など新興の保守政党への支持が増えている状況が見えていた。「右」側の有権者が、さらに「右」寄りにシフトしたのか、自民党に対する不満や飽きを抱く保守層の受け皿として、ほかに選択肢がなかったのか――。自民党幹部はデータを見て、「1人区では圧勝できそうなのに、比例代表の議席は減りそうだ。都市部での自民党支持が落ちている」となった。

ＮＨＫ党のように既に国会に議席を持っているのならともかく、所属国会議員のいないゼロからの挑戦となる小党は、マスメディアでは「諸派」「その他の政治団体」などと扱われ、政党名を浸透させることすら難しい。不利な条件の中、参政党や「ごぼうの党」といった小党が、ＹｏｕＴｕｂｅに目を引く動画を上げたり、有名タレントにＳＮＳで支持を表明させたりと、巧みな話題作りで知名度を高めていった。

参政党は全45選挙区に候補者を擁立したが、選挙区での当選は最初から計算に入れず、全国各地で公認候補が街頭演説や政見放送に登場することで有権者から認知してもらい、比例代表で議席を獲得するという戦術で臨んだ。新党が直面する壁となるキャンペーンの資金集めも、クラウドファンディングを駆使した。インターネットで広く薄く献金を募り、立候補に必要な供託金（参議院選の選挙区は300万円、比例代表は1人あたり600万円）を捻出した。NHK党も、現有議席に基づく政党交付金を供託金の財源として使い、37選挙区に候補者を擁立し、参政党と同じ発想と手法で、比例代表での議席獲得を目指した。

参政党の主張は、防衛力増強、外国人参政権の否定、外国人労働力の抑制に加え、「日本の国柄を反映した国家アイデンティティづくり」を掲げた「保守右派」色の濃いものだった。新型コロナウイルスの感染拡大が続く中で、「反ワクチン」や「マスク着用の否定」といった陰謀論とも受け止められる主張も展開した。ごぼうの党や「日本第一党」「新党くにもり」「維新政党・新風」といった小党の立ち位置も、自民党の「保守右派」以上に右寄りだった。欧米ならば「極右政党」に分類されかねない主張に対し、有権者の拒否反応がそれほど大きくならなかった背景には、ロシアによるウクライナ侵略が変えた国民意識があった。

ウクライナ侵略が、中国の習近平（シージンピン）政権のもとでの台湾有事を「絵空事」と笑っていた日本社会の空気をかき消し、有権者の間で国防意識やナショナリズムが高まったと見た「保守右派」は、ロシアの侵攻開始からまだ半年も経っていなかった時期の国政選挙で、ウクライナの悲劇を引き合いに出して支持を呼びかけた。

自民党の麻生も「ウクライナ戦争で、日教組（日本教職員組合）が間違っていたということに、みな気付いたんだ。学校では『武力で領土を変更する国なんかない』と教えられてきたのだから」などと、保守層を意識した発信を繰り返した。

結局、2022年の参議院選で、参政党は比例選で約177万票を集め、1議席を得た。

増してゆくシニア世代の支持

参政党の戦術と結果について分析した作家で評論家の古谷経衡は、参政党支持者の多くが中高年であり、その背景として、ネットから得る情報に対するシニア世代のリテラシーの低さを指摘している。

1990年代のインターネット普及期にIT知識の乏しさから「情報弱者」となった世代は、技術の進歩もあって2000年代にはネット参入のハードルが下がり、文字情報中心のネット空間では身につけることのできたリテラシーがないままYouTubeのような訴求力の高い映像に遭遇し、その結果、シニア世代が陰謀論にはまりやすくなったと、古谷は見ている（『中央公論』2023年12月号）。

同じ論考で古谷は、参政党は外国人労働者の排斥、憲法改正と自衛力の増強、先の戦争の肯定などの「右傾的世界観」と「陰謀論」の二つを合体させた価値観を掲げ、両者の矛盾にもかかわらずシニア世代が支持する「奇異」さは、戦後民主主義が十分に浸透していなかった結果だと見る。

教育現場でも論壇でもリベラルが主流だった戦後民主主義の時代は、自らが勝ち取った民主主義ではなく、米国からもたらされた民主主義という色彩が強く、その足腰が弱かった。このため、リベラルな民主主義が十分に浸透しなかったことが、シニア世代になってそれまで触れなかった思想や主張とネット空間で出会い、右傾化してしまう土壌になったというわけだ。

これは、ネット上で扇情的に「保守右派」の発信を繰り広げる「ネトウヨ」の中に、シニア層が多いと言われていることとも通じる。

古谷の言う「右傾的世界観」は、「保守右派」の立ち位置と重なる。

日本保守党の党員数の急拡大の背景にも、参政党の現象と同様、シニア層の支持があると見られる。経済的にも時間的にも余裕があるシニア層がネット空間で右傾化を強めているだけでなく、彼らの選挙での投票率が総じて高いことで、「保守右派」の存在感が相対的に大きくなっていく一面がある。

無論、全ての世代がシニア層のような傾向を示しているわけではない。ただ、シニア世代より下の世代となるにつれ、少子化の影響で人数が少なくなり、そのうえ投票率も低い。1990年代後半から続く投票率の漸減傾向の中で、シニア世代の変化が政治に与えた影響は大きいと見て良さそうだ。

日本維新の会の躍進の実態

2000年代に入ってから誕生した新党としては既に中堅の域に入ってきた日本維新の会は、

自民党が連勝した2021年衆議院選および2022年参議院選で、自民党より「右」を意識した主張に加え、「左」に配慮した政策も盛り込んで、自民党支持層に切り込もうとしただけでなく、国民政党への脱皮を図り始めた。「右」側の公約としては「教育の全過程の完全無償化を憲法上の原則として定める」ことをはじめ、憲法改正を具体的に進めることや、「中国の武力による現状変更を防ぐため、日米間で台湾有事のルールを早期に策定する」ことなどを挙げた。「左」側には、国民に一律、最低限の生活が可能な資金を供給する「ベーシック・インカム（最低生活保障）」や、戸籍制度を維持したうえでの選択的夫婦別姓の導入などの主張が並んだ。

「関西限定の政党」と揶揄されてきた日本維新の会の戦略は一定の効果を上げ、2023年の統一地方選およびその後の地方選挙でも、東日本や東北の地方議会で議席を獲得するか、増やす現象が見られた。ただ、国政選挙では、本来は日本維新の会が吸収すると思われていた自民党支持層が、国民政党になるために左右のバランスを考え始めた日本維新の会にではなく、参政党などに流れる副作用もあったと見られる。

結党時には旋風を起こしながら停滞局面が続いていた日本維新の会の「再躍進」を受け、若き幹事長の藤田文武は、講演やインタビューで各方面から引っ張りだこになった。一連の戦い方、とりわけ統一地方選で見せた「東への進出」の背景を探ると、そこには政党のイデオロギー以上に、藤田が立てたプランの巧みさが議席増につながったことが見えてくる。

2023年の統一地方選挙に向けては、日本維新の会代表の馬場伸幸が「地方議員を現状の400人から600人まで増やす」という目標を掲げた。600人という具体的目標は、選挙対策の責任者である幹事長を任されていた藤田が、過去の統一地方選での有権者の投票傾向や世論調査のデータを友人とともに分析し、「実現可能」とはじき出した数字だった。メディアや選挙通を自任する有識者の間では、「大風呂敷だ」と冷ややかな見方もあったが、藤田は「自信はあった」と振り返る。

蓋を開けてみると、日本維新の会は統一地方選で首長を含め774人の当選を果たし、目標を大きく上回った。その後、2023年7月の仙台市議会議員選（定数55）でも、日本維新の会として初の議席を5つ獲得するなど、東日本にも足場を築くようになった。

筑波大学を卒業後、政界入りする前までは会社経営にも携わっていた藤田は、政党運営に企業経営のノウハウを持ち込んだ。データに基づいて実現可能性な「目標」を公表する。それを実現することによって「信用」が高まり、さらなる「投資」を得ることができる。「投資」とは、有権者の投票や寄付であり、企業や団体からの献金も含意している。やみくもに候補者を擁立するのではなく、都市部で定数の多い選挙区を狙う。地元が候補者を擁立しても勝てないと主張するような選挙区でも、データが「勝てる」と示していれば、擁立を促した。

地方に自前の首長や議員を増やすことで、中長期的には地方組織を定着させていく。過去の多くの新党が短命に終わっていたのも、自民党が全都道府県に置く支部連合会のような地方組織を持ち、地域で根を張ることがなかったため、「追い風」が吹かない選挙では簡単に議席を減らしてしまっていたからだ。

地方政党「大阪維新の会」から生まれた国政政党の日本維新の会は、大阪府知事、大阪市長を務めた「創業者」の橋下徹や松井一郎が、安倍や菅義偉との関係の近さを隠そうとせず、自民党の政策を支持する場面が多かったことで、与党でも野党でもない「ゆ党」とも呼ばれてきた。国政に進出してからも、地盤は基本的に大阪を中心とする関西圏で、橋下や松井が国政に挑戦することもなかった。総選挙や参議院選での獲得議席も伸びたり、減ったりと安定せず、馬場は常々、「我々は『風』頼みの政党だ」と自嘲気味に語っていた。

藤田は2021年の総選挙後に、代表が馬場となり、自身が幹事長に就任した機会をとらえ、「ゆ党」ではなく、野党第1党を目指す「目標」を明確に掲げた。野党第1党となれば、その主張を政府・与党も無視できなくなる。日本維新の会の主張が政権に与える影響が大きくなれば「信用」が高まり、「投資」を呼び込んで、いずれは政権を獲得することができる――。統一地方選挙で実行し、成果を上げた手法を、政党としての長期戦略にも組み込む考えだった。

「保守右派」の考え方と近い政策を掲げてきた日本維新の会の戦略の微修正は、自民党に飽きたらない保守層からの批判票を主要なターゲットにしながら、支持政党を持たない無党派層の中でもイデオロギー的に中道を自任する有権者の票や、リベラル側にくすぶる「野党多弱」状態への不満票を狙った「三正面」への変更と見ていい。日本維新の会の躍進をもって右傾化が顕著になったとする見方は、少しずつ現実に合わなくなりつつある。

「反自民」はどう動いてきたのか

1990年代前半までは、自民党に対する批判票の受け皿が、社会党のような革新政党や、民社党、公明党のようなリベラル政党だった時代が長かった。「平成の政治改革」を契機とした政界再編が起きても、中道から中道右派までをカバーしていたのは自民党で、自民党から分裂していった新生党や新党さきがけは、中道からリベラル寄りのスタンスをとって、自民党批判票を吸収した。菅直人や鳩山由紀夫といった「リベラル派」中心の民主党と、自民党を割った「中道保守派」の小沢一郎が率いた自由党が合併した新しい民主党も、中道からリベラルの立ち位置で議席数を着実に伸ばし、2009年の政権交代につなげた。

その後、中央政界に対する不満、批判を背景に、地域政党が乱立する時期が訪れ、その中で大阪維新の会が結成される。自民党に対する批判票を、保守系の新党が吸い上げるようになったのは、この頃からだ。

安倍政権の最後の衆議院選となった2017年総選挙と、岸田政権として初めての2021年総選挙での無党派層の票の流れ方を見ると、無党派層の中の政権批判票の受け皿として保守政党が存在感を増していたことが見える。その点は、第9章で触れた。「保守右派」の立ち位置を維持しながら自民党支持層に切り込みつつ、社会保障政策などで無党派層や「リベラル派」の一部もひきつけて野党第1党の座を立憲民主党から奪うという日本維新の会の戦略には、合理性がある。

また、無党派層の中で、保守政党に投票した人の割合は2017年、2021年ともに5割だったのに対し、リベラル政党への投票は10ポイント近く落ちている。

こうして見てくると、「日本の右傾化」の実態は、政治のレベルでは自民党内での「保守右派」の影響力の増大、有権者のレベルではリベラル離れであると考えることができる。

留意する必要があるのは、次々と誕生している新たな保守政党が、欧米で顕著になっている「極右政党の伸長」を予感させるかといえば、そうではないという点だ。彼我の違いは、政治、社会、歴史の違いに起因する部分が大きい。とくに、近年の欧米の「右傾化」の最大の要因となっている経済格差の拡大に対する不満と、増える移民に対する不安のいずれも、日本ではまだ政治体制を揺るがすほどに大きくはなっていない。それが、「G7の中で日本が政治的、社会的に最も安定している」といわれるゆえんだ。

次章では、欧米を揺さぶってきた問題が、この先も日本で深刻になることはないのかどうかを考えていく。

第14章 移民政策と未来の右傾化

欧米諸国で右傾化が懸念されるようになったのは、極端な自国第一主義を掲げるリーダーが登場したり、移民排斥を掲げた「極右政党」が勢力を伸ばしたりしているからだ。「移民国家」である米国でも、メキシコなどからの「不法移民」排斥を強く主張したドナルド・トランプが大統領となり、トランプを倒して政権に就いたジョー・バイデンも移民政策に悩まされ、徐々に移民の流入制限に軸足を移していった。多様性重視の伝統を持ち、移民受け入れにも寛容だったスウェーデンやオランダのような国でも、移民による社会不安の増大を主張する極右政党が伸長する現象が起きた。公式には「移民政策」を検討しないとする立場をとる日本でも、少子高齢化と人口減の中で、労働力としての外国人受け入れのハードルを下げている。日本も将来、欧米諸国が抱えるジレンマに直面することになるのだろうか。

増田寛也の問い

2023年7月22日、首相の岸田文雄は、東京・永田町のキャピトルホテル東急で開かれた経済界、労働界、学識経験者による「令和国民会議」（令和臨調）の発足1周年を記念したイベント「政党との対話」に、自民党総裁として臨んだ。

会場の警備は、ものものしかった。その3か月前の統一地方選の最中、和歌山県内の漁港で応援演説をしていた岸田に向けて、若者が発煙物を投じる事件が起きたからだ。発煙物は岸田に届くことなく、殺傷能力がなかったことも後に判明した。犯人は政治の現状に不満を持っていた若者で、聴衆に取り押さえられた。岸田は大きく予定を変更することなく、千葉県内での遊説に向かった。だが、2022年参議院選の終盤で応援演説中だった元首相・安倍晋三が銃撃された事件から1年もたたないうちに、再び有力政治家を狙った事件が起きたことに、警察は大きな衝撃を受けた。このため、令和臨調の記念イベントは、一般の参加者を募ることなく、会場も事前に公表しないという神経の使いようだった。

政治指導者に対する暴力について、日本大学教授で歴史研究家の先崎彰容は、大きな戦争と戦争の間の「戦間期」には「言葉による社会の変革がかなわないと国民が考えてしまう状況が続き、鬱積をため込み、とうとう言葉ではなく暴力に訴える」現象が起きてきた歴史と、安倍や岸田が襲われた社会状況に類似性があると警鐘を鳴らしている。何も変わらないという社会の閉塞感が、政治的に極端な主張に力を与え、その結果、左右の極論の間で対話を行う動機が弱まり、それが更なる閉塞感を生んでいく悪循環――。そうした状況への不安が、令和臨調のイベント会場を包むピリピリした空気に表れていた。

対照的に、岸田はいつもの牧歌的な雰囲気と、原稿を棒読みするスタイルのスピーチで、経済、外交、そして人口減社会への対応の順で、日本の課題に触れた。

岸田は人口減社会への対応を「国家的課題」と位置づけ、これに取り組むには「『次元の異なる少子化対策』とデジタル社会への変革の二つを、車の両輪にしていくことが重要だと思っている」

と訴えた。列挙された課題の中に、「外国人労働者の活用」は、入っていなかった。

政府は深刻な人手不足に対応する狙いから2023年6月、高度な技能試験に合格することが要件の在留資格「特定技能2号」の対象分野を拡大した。それまでの「建設」「造船・船舶工業」の2分野に「漁業」「農業」「航空」「宿泊」「外食業」などを加えて11分野に拡大する閣議決定を行ったばかりだった。

にもかかわらず、岸田が令和臨調のスピーチで外国人労働者に一言も触れなかったことに、少なからぬ参加者が違和感を覚えた。

会場で、まんじりと岸田の発言を聞いていた令和臨調共同代表で日本郵政社長の増田寛也も、その一人だった。

岩手県知事や総務相を歴任し、著書『地方消滅――東京一極集中が招く人口急減』（中公新書）でも知られる増田は、いくつか準備していた質問案の中から、外国人労働者について尋ねることにした。

「2070年には、日本の総人口の12・5%ぐらいを外国人が占めるとの推計がある。欧州並みに外国人が来て、都市によっては40%、50%が外国の方ということも生じてくるのではないか。移民と呼ぶかどうかは別にして、家族を帯同して日本社会に根付く外国人を受け入れるための環境整備を、どうするつもりか」

政府が嫌う「移民」という言葉に、増田はあえて触れた。

岸田は手元の想定問答集に目を落としながら、直前の外遊で訪れたアラブ首長国連邦やカタールが「自国民1割、外国人9割」の社会であることに触れ、「こうした国と日本は、比べるべくもない」と切り出した。増田の質問に真正面から答えようとはせず、まるで論点をずらしているかのようにも聞こえた。

ただ、岸田が「日本らしい、日本の現実に合った共生社会を考えていく」と答えた点を、増田は「共生を進めるということは、事実上、移民容認まで踏み込んだ発言ではないか」と評価した。

岸田の「共生社会」発言が、移民受け入れを見据えたものなのかどうか。ヒントは、増田への答えの途中に岸田が一度、「外国人労働者」と口にしながら、慌てて「外国人」と言い換えた場面にある。

岸田は令和臨調のイベントに先立ち、側近である自民党総務会長・遠藤利明から「外国人労働者という言葉は印象が悪い。もっと別の言い方を考えた方がいい」との助言を受けていた。「外国人労働者」という言葉には「日本人が外国人に単純な仕事やきつい仕事を押しつけている」という印象や、逆に、欧州で移民排斥を訴える極右や極左の政党が勢力を伸ばしているように、雇用面や治安面での不安を呼び起こす響きもあると、遠藤は考えていた。だから、「新しい言葉」が必要だと、遠藤は説いた。それが念頭にあったのだろう、岸田も「外国人労働者」が適切な表現だとは考えなかった。増田が感じたように、「移民容認」までは考えていなかったにせよ、日本が外国人材を都合良く使うだけの社会であってはならないという問題意識が、岸田の言い直しに表れていたと見ていい。

「移民」議論の変遷

日本政府が従来から「移民政策はとらない」として、定住を前提とした外国人材の受け入れを否定してきたのは、国民感情に配慮した側面が大きい。「移民」という言葉自体が過剰とも言える反応を引き起こすようになったのは、2000年代以降になってからだ。

増田は令和臨調のイベントの後の2023年7月26日、BS日テレの報道番組「深層NEWS」で「小渕恵三政権(1998〜2000年)の頃は、自民党でも『移民』をどうするかといった議論が、普通になされていた」と振り返った。「その後、中国や韓国との関係で、議論がしにくくなった」とも付け加えた。日中、日韓関係の悪化によって、近隣諸国の人材を受け入れる機運が失われ、「移民」論議が低調になった背景にあるとの見方だ。

というのも、日本では長い間、移民という言葉で連想される国は、韓国や中国が中心だったからだ。韓国との間では、日本で生活し、日本社会で差別を受けてきた歴史もある在日韓国人も多く、中国とは地理的に近い。その韓国、中国との関係は、小渕政権の頃を頂点に悪化の一途をたどるようになる。その結果、移民の議論がすたれていったというのだ。

もっとも、小渕政権の後も、「移民」をタブー視せず、経済成長に結びつけようという主張が、自民党の中枢から出てきた時期がなかったわけではない。

安倍が最初の政権を体調不良で投げ出し、福田康夫が後継の首相になった後の2008年、第1次安倍政権で自民党幹事長を務めた中川秀直らがメンバーの「自民党外国人材交流推進議員連盟」が、「移民」を前面に出した提言をまとめたことがある。

「人口減社会で日本の活力を維持するため、総人口の10%(約1000万人)を移民が占める『多民族共生国家』を今後50年で目指す」とする内容だった。

中川らは「上げ潮派」と呼ばれ、経済成長のためなら、あらゆることを利用しようという立場だった。

当時、総務相を務めていた増田は、1000万人という具体的な数字にのけぞった。自民党内でも似たような反応が多かった。

福田自身が外国人との共生のあり方を政府内で検討するよう指示していたように、「移民政策」の議論は忌避されてはいなかった。それでも2008年の時点では、人口の10%が外国人という日本社会を、多くの政治家や有権者が想像できなかったし、想像したくもなかった。

労働力確保という課題

２０１２年12月に安倍が首相の座に返り咲くと、安倍の「保守タカ派」的な政策を警戒する韓国や中国との関係が、それまで以上にギスギスするようになった。

韓国では、日本生まれで「親日的」との評もあった保守系の大統領・李明博（イミョンバク）が２０１２年8月、韓国が領有権を主張し、実効支配している島根県・竹島に上陸したのみならず、天皇の戦争責任に触れて謝罪を求めたことで、日本の世論の対韓感情は悪化した。

李の後継大統領となった朴槿恵（パククネ）も、父で大統領だった朴正熙（パクチョンヒ）が日本との関係をテコに経済成長を進め、韓国内で「親日派」と考えられていたことが、足かせだと感じていた。朴一家の親日イメージは政権運営のマイナスになると考え、朴槿恵はあえて中国寄り、反日的な態度をとった。

中国では、習近平（シージンピン）が２０１２年11月に最高実力者である中国共産党総書記に就任し、東シナ海、南シナ海への海洋進出を加速させ、周辺国に脅威を与えるようになった。

こうした国際環境のもと、日本では「嫌韓」「反中」の主張がネット空間を席巻し、「移民」を論じることへの風当たりは、それまでと違った意味で強くなっていった。

しかし、人口減によって労働力確保が困難になっていた業界からは、悲鳴が上がっていた。

自民党には日本建設業連合会、日本造船工業会、全国農業会議所、全国老人福祉施設協議会、

日本旅館協会、日本フードサービス協会、日本鋳造協会といった業界団体が、外国人労働者の受け入れ拡大を求めて列をなした。

当時、就労目的で在留が認められる人の在留資格は「専門的・技術的分野」で、大学教授、弁護士、医師、企業経営者、介護福祉士、外国料理の調理師など、約23・8万人に限られていた。

また、「技能移転を通じた開発途上国への国際協力」を目的とした在留資格である技能実習生は、実際には単純労働に従事させられる事例が多く、技能実習生として在留中の約25・8万人のうち、毎年7000人前後が失踪することも深刻な社会問題になっていた。

そこで安倍は、2018年2月の経済財政諮問会議で新たな在留資格の検討を求め、同年暮れに改正出入国管理法が成立、翌年からは「特定技能制度」が始まった。

議論することを避けてきた

議論の過程では、自民党の「保守右派」から強い反対論が湧き起こった。

自民党が本格的に新制度をめぐる議論を始めた2018年10月22日の党法務部会で、安倍の出身派閥である清和政策研究会（当時は細田派）所属の元法相・松島みどりは「人が足りないと言うけれど、物流や小売りは24時間営業をやめて開店時間を短くするとか、日本で生産するのをやめるとかを考えるべきだ」と訴えた。

「保守右派」の急先鋒である参議院議員・青山繁治も「人手不足ではない。女性や中高齢者の人材が使われていない。国内の人材が働きやすい賃金、資格試験のあり方を考えるのが先だ。ＡＩ（人工知能）で人余りになった時、外国人労働者を切れば人権問題にもなる」と持論を展開した。「保守右派」の不満を鎮めるためにも、安倍は就労目的の在留を単純労働に広げた特定技能制度を「いわゆる移民政策ではない」と繰り返さざるを得なかった。

新たな在留資格の導入に合わせ、２０１９年に法務省の出入国管理局が、出入国在留管理庁として格上げされた際も、「保守右派」の圧力で庁内の部署名が変えられたことがある。

法務省は当初、出入国在留管理庁に二つの部署を設け、それぞれ「外国人共生部」「入国在留管理部」とする構想を描いていた。ところが、自民党の「保守右派」は「共生という言葉は、移民政策をとらないとしてきた日本が立場を変えたと誤解される」と難色を示し、結局、「出入国管理部」と「在留管理支援部」に落ち着いた。「共生」は「移民」を認めることにつながるという発想は、頻発している入管施設での収容者の非人道的な扱いの底流をなしていないだろうか——。そんな疑問の声も上がった。

移民について考えようという機運があった小渕政権から長い歳月を経たにもかかわらず、短命に終わった福田康夫政権以後の議論は、むしろ後退した感もある。「人口減だから限定的、条件付きでの外国人材を」という議論が繰り返されている間に、日本が円安、インフレ基調になると、賃金の上昇が物価高に追いつかない状況にもなって、どれだけ求めても外国人材を獲得しにくくなった。

第3章で触れたように、欧州では2022年9月のスウェーデン議会選挙で、それまでは忌避の対象だった極右のスウェーデン民主党が得票率20％で比較第2党に躍進した。同年10月には、イタリアでファシスト党を源流とし、極右政党と見なされていた「イタリアの同胞」が上下両議院で第1党となり、党首のジョルジャ・メローニが首相となった。2023年になると、フィンランドで極右の「フィン人党」が参画するペッテリ・オルポ政権が誕生、11月にはオランダ下院選で「反移民」を掲げた極右の自由党が議席を倍増させ、比較第1党となった。

いずれの極右政党も、格差の拡大や移民の増加による治安や雇用の不安定化を挙げて既存政党を批判する一方、有権者受けする生活に直結した政策を掲げていた。大衆扇動のポピュリズムと大衆迎合のポピュリズムを組み合わせた訴えが、有権者を動かした点が共通している。

日本では歴代政権も国民も、「移民政策」や「外国人との共生」について深く考えず、正面から向き合って議論することを避けてきた。多くの業界で深刻な人手不足が起きる中、「労働力が不足しているから外国人材に来てもらい、用が済んだら帰ってもらう」という都合の良い制度設計ができるのかどうか。オーストラリアのように、外国人労働者の受け入れに積極的な余り、都市部での住宅事情が逼迫し、政策の方向を180度変えて受け入れ基準を厳格にした国もある。

日本でも、ブラジルから来た日系人の子、孫の世代に対する日本語教育をはじめ日本社会への適応を促す対応が十分に行き届かないなどの問題のほか、埼玉県川口市でトルコ国籍のクルド人同士の衝突が、地域住民に不安を与える事例も起きるようになった。日本人の側も、日本で働く外国人を「一時的な人手不足が解消されるまでの付き合い」と見るばかりで、彼らの風習や文化にあまりに無理解で、「長い付き合い」を考える姿勢が乏しかった。

移民を受け入れるにせよ、制限するにせよ、移民を全否定する声が強すぎると、議論は入り口で止まってしまう。堂々巡りで議論を先送りしたまま、急速な変化にあおられ、移民政策で急ハンドルを切るようなことがあれば、欧米諸国のような移民排斥運動や、極右政党の台頭といった現象が起きる可能性があるとの懸念も、識者の間からは出ている。

欧米諸国と比べれば、日本の右傾化といっても、深刻な政治問題、社会問題に直結するような現象は起きていない。社会全体で見ても、選挙の得票率を見ても、「右」と「左」のパイはほぼ同じで、選挙の度に支持政党を変えることも多い無党派層の動向で、印象は大きく変わる。「左」の受け皿となる政党への有権者の信頼は、民主党政権の失敗で損なわれたままだ。選挙制度の特性、投票率の低迷に見られる選挙を通じた政治参加意欲の低下によって、自民党の岩盤支持層のようなかたまりが相対的に影響力を増している面もある。右傾化は、実態以上に誇張されて語られていると見た方がいい。

しかし、日本が直面している少子高齢化と人口減がもたらす深刻な問題は、欧米諸国と同様の社会状況を生み出していく可能性がある。少子化の解消によって人口減の流れを反転させるには、長い時間とエネルギーが要る。ＡＩが労働力不足をはじめとする問題を全て解決してくれるわけでもない。少子高齢化は、中国や韓国などの近隣諸国でも加速していて、外国人材の争奪戦は始まっている。これまで通り、都合良く外国人材を利用できるという楽観論は、ほとんど聞かれなくなった。

新しい社会状況の中で、政治はどんな言葉で有権者の支持を獲得していこうとするだろうか。日本が本格的な右傾化の問題に直面するのは、これからなのかもしれない。

エピローグ

２０２４年は、世界の約70か国で大統領選や総選挙などが行われる「選挙イヤー」となった。この年を迎えるにあたり、各国が警戒を強めたのは、急速な勢いで広がった生成ＡＩ（人工知能）を利用した偽情報などを使った他国からの「選挙介入」だ。物理的被害をもたらすサイバー攻撃のようなあからさまな手法ではない分、捕捉が困難になったインフルエンスオペレーション（影響力工作）が選挙介入の主力となり、対策がより難しくなった。影響力工作は、攻撃対象となった国の有権者の考えを「右」へ「左」へと誘導することも可能だ。

影響力工作は「特定の政治的、社会的、経済的目標を達成するために、ターゲットとなる個人や集団の認識や行動を意図的に変えることを目的とした作戦」と定義される。対応の難しさを踏まえ、２０２４年2月に世界の主要ＩＴ（情報技術）企業20社が「２０２４年選挙におけるＡＩの不正利用（Deceptive Use）に対抗するための協定」を交わした。参加したのは、生成ＡＩ開発に携わるオープンＡＩ、マイクロソフト、グーグル、アマゾン・ドット・コム、スタビリティーAI、アドビ、アンソロピック、インフレクションAI、ノタ、イレブンラボの11社、SNS運営からはメタ、ティックトック、X、スナップ、リンクトインの5社、半導体開発・設計のIBM、アームの2社、そしてセキュリティー関連からマカフィー、トレンドマイクロ、トゥルーピックの3社だ。

既に1月の台湾総統選では、候補者のディープフェイク（人物の動画や音声などを人工的に合成する最新のAI処理技術）映像が作成されるなど、有権者の気持ち、考えを一定方向に誘導しようとする影響力工作があったことを「台湾ファクトチェックセンター」が報告していた。IT企業20社が、それぞれの得意分野や経験、ノウハウを有機的に活用しなければ影響力工作に対する抑止力を高めることができないと考えられるほど、事態は深刻になりつつある。

遡れば2016年の米大統領選で、英国に拠点を置いていた選挙コンサルティング会社「ケンブリッジ・アナリティカ」（2018年に廃業）が、IT企業から流出した有権者のデータをもとに、個々の有権者の考え方や行動の傾向を分析、予測したうえで、共和党候補のトランプに投票したくなるような情報を個別に電子メールなどで送りつけるといった工作を展開したことが、元社員の米議会での証言などで明らかになっている。この工作がどれだけの効果を上げ、大統領選の結果にどこまで影響を与えたかについての見解は割れるものの、ケンブリッジ・アナリティカのような手法は、他国が選挙に介入する経路としても使われ得ることを浮き彫りにした。

トレンドマイクロのシニアスペシャリスト成田直翔によると、2023年にロシアの民間企業が、ロシア政府の「標的型攻撃グループ」の作戦を一部請け負っていたことが、リーク文書「Vulkan Files」で明らかになった。工作を仕掛けるにあたって、名前の知られたメディアとそっくりのアカウントを使う事例も多く、「偽アカウントを大量かつ簡単に発行する闇サービスの存在も確認されている」という。サイバー攻撃に比べれば費用も少なくて済む影響力工作は、官民を超えて広がりを見せている。

しかも、「MDM」という手法の組み合わせは、情報が真実なのか虚偽なのかを受け手が見分けることを、より困難にしている。

MDMの最初のMはMisinformation（誤情報）で、歪曲して理解されている歴史の出来事や、誤解されている統計データなどを指す。攻撃者はこれらの情報がもともとの趣旨とは異なる意味合いであることを理解したうえで、あえて拡散したり、引用したりする。引用されている「事実」の一部は正しく、文脈や解釈で印象操作を行うため、よく知られた「事実」であっても、「実はそうだったのか」と納得してしまうと、罠にはまる。

DはDisinformation（偽情報）で、生成AIなどを使って映像や文章を偽造し、政治的なプロパガンダを行う。AI技術の発達で、ディープフェイクと呼ばれる画像、動画の真贋を見極めることは難しくなっている。

最後のMはMalinformation（悪意のある情報）で、素材は「事実」でも、それを極端に誇張したり、事件や事故を針小棒大に扱い、あたかも国全体で治安の悪化が起きていると印象づけるような見せ方をしたりすることで、受け手の気持ちや行動を変えさせるものだ。

成田は、影響力工作の訴求力が増大した背景に「人間心理の脆弱性」と「SNSの機能」の組み合わせがあると指摘する。

人間心理の脆弱性には、自分が確信していることに対しては、それを裏付けるような情報やデータばかりが目に入って、その確信を強めてしまう「確証バイアス」が作用している。その脆弱性に、SNSのユーザーが関心を持つコンテンツを優先的に表示する「タイムラインの最適化」という機能が加わると、自分と異なる視点や意見を持つコンテンツを見る機会が減ることになる。確証バイアスとタイムラインの最適化が繰り返されることで、「例えば右寄りの主張をする人たちはさらに右寄りに、左寄りの意見を持つ人たちはさらに左に引っ張られる」現象が起き、世論の「分断」につながる可能性があると、成田は警鐘を鳴らす。

自分が「確信」していたことは正しかったのだと確信する過程を繰り返していると、いつしか「正義感を持って偏った意見を拡散し続けてしまう」行動になり、やがて最初に影響力工作を仕掛けた主体を、強力な正義感をもって「無意識的に加担する」状況を生み出してしまう。このメカニズムは、「日本は右傾化している」と受け取られるような強烈で偏った主張が、SNS上で雪だるま式に増えていくメカニズムと同じように見える。

政治が「右」に振れたり、「左」に寄ったりする理由は、一義的には政治信条や理念だとしても、多くの場合は選挙で有利か、不利かという短期的な損得勘定だ。そこに影響力工作という要素を警戒しなければならない状況が加わっているのだから、短絡的に「日本は右傾化している」と断じることには、慎重でなければならないだろう。

政治は、砂の上を歩くような営みだ。

コンクリートやアスファルトとは違い、砂は足場としては不安定な要素が多い。歩く場所を誤ると、砂の性質によっては前に進めなくなることもある。

「右」側にある砂は、同質で流動性が低く、その分、安定している。ただし、面積はそれほど大きくはない。

「左」側の砂は、一粒、一粒がまとまりにくい。砂の形状が多様で、まじわろうとしないからだ。全体としての面積はそれなりに大きいものの、足元は安定しにくい。

そして、最も面積の大きな「中央」の砂は、踏み込んでも反作用がない場所が多く、推進力を得るのに苦労する。

しかも、砂には、過剰な水分が注ぎ込まれると流砂と化し、すさまじい勢いで動き出す性質もある。「政治とカネ」をめぐる問題に対する世論の反発、メディアの報道ぶり、ＳＮＳでの発信、そうしたものが水分となって、有権者という砂にそそがれた結果、流砂が起きれば、歩いていた場所が「右」でも「左」でも関係はない。

流砂は、平時には動かすことが難しい改革の推進力になることもある。だが、「令和の政治改革」を求める流砂は、30年前の「平成の政治改革」で起きた流砂に比べると、規模も小さく、勢いも弱いように見えるうえ、「選挙制度さえ変えれば政治は良くなる」といった幻想に惑わされた30年前の失敗を繰り返さないだろうかという心配もある。

2024年に入っても、自民党の派閥による裏金づくりの問題は、岸田政権の足元を揺らし続けている。岸田は自民党総裁として党のガバナンス改革を進めると国民に約束し、政治資金規正法の改正などを通じた「政治とカネ」の問題の再発を防ぐ仕組みづくりを進めると訴えた。その過程で、「自民党の右傾化」の象徴と目されてきた清和政策研究会（安倍派）は解散に追い込まれた。岸田には、安倍派を率いた元首相・安倍晋三の政策面での成果まで否定する意図はなかっただろう。だが、結果として安倍派の解散は、「安倍政治の否定」とも受け止められた。

安倍派の裏金づくりの問題と、安倍の政策面での業績を同列に論じることも、また、慎重でなければならない。とはいえ、安倍派の解散が、「日本政治の右傾化」という紋切り型で不正確な見方をリセットする機会になる可能性はある。

流砂が収まり、永田町の風景が変わった後には、「日本の右傾化」の虚実を冷静に議論できる土壌ができるのかもしれない。

本書を書き下ろすきっかけになったのは、中央公論新社の中西恵子氏の「自民党が『右傾化』して見えるのは、何かとうるさい『右』に気を使った方が、政権運営がうまくいくと考えているからではないか」という疑問、仮説でした。

その答えを探そうと執筆に取りかかったものの、書いている間に起きた国内政治、国際政治の激変を前に筆が止まり、時間ばかりが過ぎていきました。その間、辛抱強く応援してくださった中西さんがいなければ、本書を書き上げることはできなかったでしょう。

また、編集を担当していただいた中央公論新社の中西氏と疋田壮一氏のきめ細かな指摘には、日頃、新聞記事しか書いていない身として、目から鱗が落ちるような思いを何度もさせられました。加藤企画編集事務所の加藤晴之氏にも、貴重な助言をいただきました。

ここに、深く感謝を申し上げます。

伊藤俊行（いとう・としゆき）

読売新聞東京本社編集委員。1964年東京都生まれ。88年入社。93年以降、政治部で内政・外交を取材。97〜98年、ハーバード大学ウェザーヘッド国際関係センター日米関係プログラム研究員、2003〜05年ワシントン特派員。調査研究本部主任研究員、国際部長、政治部長などを経て20年6月から現職。

右傾化のからくり
——漂流する日本政治の深層

2024年5月25日　初版発行

著　者　伊藤俊行
発行者　安部順一
発行所　中央公論新社
〒100-8152　東京都千代田区大手町1-7-1
電話　販売 03-5299-1730　編集 03-5299-1740
URL https://www.chuko.co.jp/

DTP　市川真樹子
印　刷　大日本印刷
製　本　小泉製本

Published by CHUOKORON-SHINSHA, INC.
Printed in Japan　ISBN978-4-12-005787-8　C0031